솔로몬 필사 낭독

BOOK ❷ King Solomon's Wise Words

솔로몬 필사 낭독
BOOK ❷ King Solomon's Wise Words

초판발행일 2022년 7월 25일

지은이 박광희
펴낸이 배수현
표지디자인 유재헌
내지디자인 박수정
제 작 송재호
홍 보 배예영
물 류 이슬기

펴낸곳 가나북스 www.gnbooks.co.kr
출판등록 제393-2009-000012호
전 화 031) 959-8833
팩 스 031) 959-8834

ISBN 979-11-6446-059-5(04230)
　　　　979-11-6446-057-1(04230) 세트

King Solomon's Wise Words

B o o k 02

잠언을 쉬운영어로 필사하고 낭독하기

솔로몬
필사
낭독

대한민국
Republic of Korea

가나
Ghana

그레나다
Grenada

그리스
Greece

그린란드
Greenland

나미비아
Namibia

나이지리아
Nigeria

남아프리카공화국
South Africa

네덜란드
Netherlands

네팔
Nepal

노르웨이
Norway

니카라과
Nicaragua

뉴질랜드
New Zealand

대만
Taiwan

덴마크
Denmark

도미니카공화국
Dominican Republic

독일
Germany

동티모르
East Timor

라오스
Laos

러시아
Russia

레바논
Lebanon

르완다
Rwanda

리히텐슈타인
Liechtenstein

마다가스카르
Madagascar

마셜제도
Marshall Islands

마카오
Macau

말레이시아
Malaysia

말리
Mali

멕시코
Mexico

모로코
Morocco

몰타
Malta

몰디브
Maldives

몽골
Mongolia

미국
United States of America(USA)

미얀마
Myanmar

방글라데시
Bangladesh

바베이도스
Barbados

베트남
Vietnam

북한
North Korea

베네수엘라
Venezuela

벨기에
Belgium

베냉
Benin

보츠와나
Botswana

보스니아헤르체고비나
Bosnia and Herzegovina

볼리비아
Bolivia

브라질
Brazil

브루나이
Brunei

사우디아라비아
Saudi Arabia

세이셸
Seychelles

세네갈
Senegal

세인트루시아
Saint Lucia

수단
Sudan

소말리아
Somalia

솔로몬제도
Solomon Islands

스리랑카
Sri Lanka

스웨덴
Sweden

스위스
Switzerland

스코틀랜드
Scotland

스페인
Spain

슬로바키아
Slovakia

시리아
Syria

싱가포르
Singapore

아랍에미리트
United Arab Emirates

아루바
Aruba

아르헨티나
Argentine

아이슬란드
Iceland

아일랜드
Ireland

영국
United Kingdom(UK)

에티오피아
Ethiopia

에스토니아
Estonia

우루과이
Uruguay

우크라이나
Ukraine

오만
Oman

오스트레일리아
Australia

오스트리아
Austria

요르단
Jordan

온두라스
Honduras

이라크
Iraq

이스라엘
Israel

인도
India

이란
Iran

이집트
Egypt

이탈리아
Italy

인도네시아
Indonesia

일본
Japan

자메이카
Jamaica

중국
China

중앙아프리카 공화국
Central African Republic

조지아
Georgia

차드
Chad

체코
Czech

칠레
Chile

키리바시
Kiribati

키르기스스탄
Kyrgyzstan

카자흐스탄
Kazakhstan

카탈로니아
Catalonia

캄보디아
Cambodia

캐나다
Canada

케냐
Kenya

쿠바
Cuba

쿠웨이트
Kuwait

크로아티아
Croatia

타지키스탄
Tajikistan

탄자니아
Tanzania

태국
Thailand

터키
Turkey

튀니지
Tunisia

토고
Togo

통가
Tonga

파나마
Panama

파키스탄
Pakistan

팔라우
Palau

페루
Peru

포르투갈
Portugal

폴란드
Poland

프랑스
France

핀란드
Finland

필리핀
Philippines

헝가리
Hungary

홍콩
Hong Kong

돈 버는 영어 vs. 돈 쓰는 영어

■ 김연아 선수에게서 배우는 돈 버는 영어 **학습법**

'돈 버는 영어'와 '돈 쓰는 영어'

필자는 영국에서 영어-독어간 전문 번역학(MA Translation Studies)을 전공하고 귀국 후 외신전문기자, 컨설턴트 등 다양한 활동을 하였습니다. 그러던 중 하루는 일본계 미국인 동료가 제게 이런 이야기를 하는 겁니다.

"난 영어에는 두 가지 종류가 있다고 생각해.
'돈 버는 영어'와 '돈 쓰는 영어'
돈버는 영어란 자기 생각을 영어로 표현하는 능력이지.
그런데 한국인들은 **돈 쓰는 영어**를 하는 것 같아."

이 말은 제게 엄청난 충격이었습니다.
이에 '돈 버는 영어 대안을 한번 제시해보자!'는 각오로 영어 교육에 뛰어들게 되었습니다.

흔히들 생각을 영어로 표현하는 능력을 기르려면 원어민과의 대화가 필수라고 생각합니다. 글쎄요…. 과연 원어민과 직접 대화하는 것만이 해답일까요?

저는 영어 학습자라면 당연하게 여기는 위의 사실에 의문을 갖고 보다 한국적 현실에 맞는 돈 버는 영어 교육 대안을 찾고자 현장에서 관찰과 연구를 계속하였습니다. 그 결과 대부분의 학습자들이 아직 원어민과 영어로 말할 준비가 되어있지 않다는, 중요하지만 많은 이들이 간과하고 있는 사실을 알게 됐습니다.

영어와 믿음 그리고 지혜를 하나로!

원어민 타령은 이제 그만! 그럼 대안은?

어른, 아이 할 것 없이 누구나가 영어 스피킹을 잘하고 싶은 마음은 정말 간절합니다. 그런데도 평소에 입을 열어 영어로 말하는 연습은 도무지 하려고 들지 않습니다. 그리고는 "원어민하고 매일 이야기할 수만 있다면……."하고 원어민 타령을 늘어 놓지요. 평소 영어 말문을 꽉 닫고 있던 사람이 원어민하고 대화를 한다고 갑자기 뭐가 달라질까요? 뿌린 대로 거두는 법입니다.

그럼 현실적인 대안은 과연 무엇일까요?
바로 원어민의 발음을 주의깊게 듣고 큰 소리로 따라 말하는 영어낭독훈련을 통해 스피킹 기본기를 튼튼하게 다지는 것입니다.

그렇게 원어민의 발음을 듣고 따라 말하는 연습을 통해 정확하고 유창한 발음을 익히고 자연스러운 영어 리듬 감각을 먼저 습득해야 합니다. 일단 발음에 자신감이 생기고 영어 리듬감에 익숙해지면 문장을 의미 단위(meaning unit)로 파악할 수 있게 되면서 원어민과 대화를 해보고 싶은 마음이 불쑥 솟아납니다. 이때 원어민과 대화를 시작하는 겁니다! 이렇게 스피킹 기본기를 쌓고 난 후에 원어민과 회화 학습에 들어가면 두 배, 세 배의 효과를 얻을 수 있습니다. 연습 없이 실전에 나서는 선수는 없잖아요?

또 한 가지 영어낭독훈련의 장점은 원어민이 없더라도 자기 의지만 있다면 얼마든지 혼자 해 나갈 수가 있다는 점입니다. 원어민 타령은 핑계에 불과합니다. 이러한 영어낭독훈련은 아이들뿐만 아니라 영어를 다시 시작하려는 성인들에게도 꼭 필요합니다.

김연아의 점프에서 배우는 기본기 훈련의 중요성

요약하자면, 낭독을 통해 스피킹 기본기를 쌓은 후 원어민과의 대화에 나서는 것. 이것은 우리처럼 평소 영어 한 마디 할 기회가 없는 학습자들을 위한 영어 말하기 학습의 정석이자 **돈 버는 영어** 학습의 핵심입니다.

저는 평소 영어 펀더멘털, 즉 스피킹 기본기의 중요성을 강조할 때 김연아 선수의 얘기를 즐겨 들려줍니다.

"김연아 선수가 피겨 여왕이 될 수 있었던 비결은 여자 피겨스케이팅 선수들이 힘들어 하는 '점프'였다고 합니다. 김연아는 피겨스케이팅을 처음 배울 때 '연기는 나중에 배워도 되지만 점프는 어려서부터 연습해야 한다'는 코치의 말을 듣고, 엉덩이에 멍 자국이 가실 날이 없을 정도로 점프 연습에 몰두했다고 해요. 또래 선수들은 점프보다는 연기 연습에 치중했지만 김연아는 이와 정반대의 길을 선택한 셈이죠.

보통 여자 선수들은 점프 전에 스피드를 줄이는데, 김연아는 남자 선수들처럼 속도를 줄이지 않고 그대로 점프합니다. 그래서 비거리가 길고 점프하는 모습도 당당해 보이는 것이죠. 그리고 마침내 난이도가 엄청 높은 '회전 + 3회전' 연속 점프를 완벽하게 실행하며, 전설적인 점수로 올림픽 금메달을 따는 쾌거를 이뤄냈습니다. 만약 어릴 때 다른 아이들처럼 점프 연습을 대충하고 '폼 나는 연기' 연습에 몰두했다면 오늘의 김연아는 없었을 겁니다."

여기서 우리가 배울 수 있는 교훈이 뭘까요?
바로 튼튼한 기초의 중요성입니다.

낭독이 점프 훈련이라면, 원어민 회화는 연기 연습에 해당합니다.

김연아 선수 역시 또래 아이들처럼 점프 훈련을 빨리 끝내고 멋진 연기훈련을 하고 싶은 유혹이 얼마나 많았겠습니까? 어쩌면 주변에서 '원어민 하고 말하는게 우선이지, 낭독은 무슨?' '영어낭독훈련만 해서 과연 영어 말하기가 되겠어?'라고 말할지도 몰라요. 하지만 주변 사람들의 의견에 휘둘린다면, 스피킹의 튼튼한 기초를 키울 시기가 영영 사라지고 말 겁니다. 김연아 선수처럼 자기 확신을 가지고 묵묵히 실천해보세요!

영어와 믿음은 이론이 아니라 실천입니다!
그리고 매일 하면 위대해집니다!

■ 필사+낭독으로 잠언(Proverbs) 마음판에 새기기

머리 이해 영어에서 손·입 활용 영어로!

우리나라의 영어 교육은 철저히 '머리 중심'입니다. 즉 이해하고 문제를 푸는데 초점이 맞춰져 있죠. '입'과 '손'은 찬밥 신세입니다. 이렇듯 말하고 쓰는 실용영어 교육을 소홀히 한 결과, 영어 불통자라는 초라한 영어 성적표를 받아들게 되었죠.

머리로 익힌 영어가 입으로 나오기까지 어쩜 그리 오래 걸리는지요. 이제는 머리에서만 맴돌고 입으로는 더듬거리는 소모적인 영어 학습과 이별할 때가 되었습니다.

영어와 믿음 그리고 지혜를 하나로!

자, 이제 머리 중심의 영어 공부를 과감히 버리세요.
그리고 그 빈자리에 입과 손 중심의 영어 공부를 가득 채워 넣으세요.
구체적으로 말해, 영어 성경의 잠언(Proverbs)을 '손'으로 필사하고, '입'을 열어 낭독하면서 영어 벙어리 탈출의 꿈을 이뤄보세요!

필사와 낭독으로 몸이 기억하는 영어 말하기 훈련

영어 말하기는 학습이 아니라 훈련입니다. 그리고 훈련은 '머리'가 아니라 '몸'으로 하는 것입니다. 그러니까 영어 문장을 손으로 쓰고 입으로 말하면서 몸이 기억하게 만들어야 합니다. 필사와 낭독이 영어 학습의 기본이자 핵심이 되어야 합니다.

'19단 외우기'가 시작된 인도의 초 · 중 · 고교에서는 IT 기술이 판치는 요즘도 학생들이 몸을 흔들며 큰 소리로 말하면서 지식을 쌓아가는 전통을 고수한다고 합니다. 그렇다고 무턱대고 하는 건 아닙니다. 학생들은 먼저 내용을 이해한 후, 그 다음에 큰 소리로 말하며 암송에 들어갑니다. 그리고 나서는 외운 내용을 토론한다고 합니다. 배운 내용을 연관 지어 활용할 수 있는 능력 배양을 최종 목표로 삼는 거죠.

어릴 때 자전거를 배운 사람은 오래동안 자전거를 타지 않고 어른이 되어도, 그리 어렵지 않게 다시 탈 수 있습니다. 수영이나 스키도 마찬가지입니다. 한번 배워두면 시간이 흘러도 수영하는 법이나 스키 타는 법을 잊지 않습니다. 그래서 흔히 이런 말을 하죠.

몸으로 배운 것은 결코 잊혀지지 않는다!

영어 학습 역시 마찬가지입니다.
손으로 필사하고 입을 열어 낭독을 하면서 영어 문장을 몸에 기억시켜놓으면, 시간이 흐르면서 어느 정도 잊힐지는 몰라도 조금만 다시 해보면 금세 기억이 되살아 나죠.

하나님의 음성을 듣는 방법

"하나님의 음성을 들었어요!"라고 말하는 크리스천을 종종 만나게 됩니다. 그때마다 '정말 하나님이 우리의 귀에 대고 직접 말씀을 해주실까'라는 의구심을 떨칠 수 없습니다. 물론 크리스천이라면 누구나 하나님의 음성을 듣고 싶은 마음이 간절합니다. 그럼 어떻게 하면 하나님의 음성을 들을 수 있을까요?

저는 개인적으로 삶의 순간마다 지혜와 힘을 얻을 수 있는 귀한 성경 구절들을 마음속 깊이 새겨놓는 것이 하나님의 음성을 듣는 방법 가운데 하나라고 생각합니다. 이렇게 하면 기도나 묵상을 할 때, 성령님이 마음 판에 새겨진 성경 구절들을 통해 우리의 마음을 감동케 하여 결국 그 상황에서 하나님이 바라시는 바, 즉 하나님의 음성을 간접적으로 듣게 하시지 않을까요?

자, 그럼 대화체 실용영어를 익히기에 딱 좋은 쉬운 영어 성경책인 NIrV Bible의 잠언 문장을 필사와 낭독을 통해 몸에 기억시키고 마음판에 새겨 보세요. 그러면 실용영어와 믿음, 그리고 지혜를 동시에 얻는 일석삼조의 효과를 몸소 경험하게 될 겁니다.

Just do it!
영어 학습 뿐아니라 삶의 최고의 지혜는 실천입니다.

'영어 유창성은 입과 손으로 영어를 쓰고 말하는 시간에 비례한다!'
이것은 영어회화 불변의 법칙입니다.

영어와 믿음 그리고 지혜를 하나로!

King Solomon's Wise Words

Book 02

잠언을 쉬운영어로 필사하고 낭독하기

솔로몬
필사
낭독

영어필사낭독으로 잠언 통독하기

■ [잠언 로드맵] 잠언의 뼈대를 한 눈에 파악하기

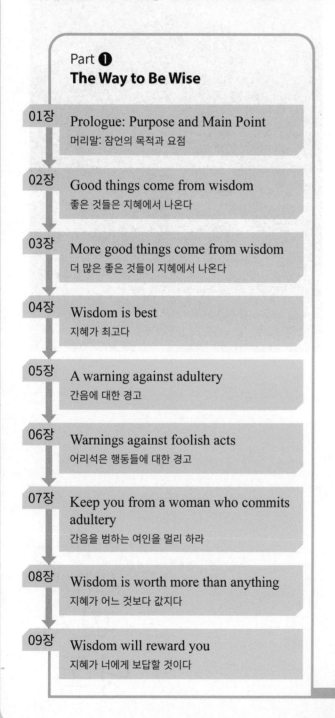

Part ❶
The Way to Be Wise

01장 Prologue: Purpose and Main Point
머리말: 잠언의 목적과 요점

02장 Good things come from wisdom
좋은 것들은 지혜에서 나온다

03장 More good things come from wisdom
더 많은 좋은 것들이 지혜에서 나온다

04장 Wisdom is best
지혜가 최고다

05장 A warning against adultery
간음에 대한 경고

06장 Warnings against foolish acts
어리석은 행동들에 대한 경고

07장 Keep you from a woman who commits adultery
간음을 범하는 여인을 멀리 하라

08장 Wisdom is worth more than anything
지혜가 어느 것보다 값지다

09장 Wisdom will reward you
지혜가 너에게 보답할 것이다

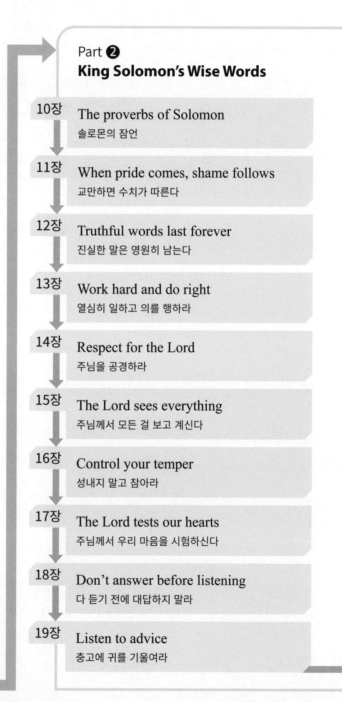

Part ❷
King Solomon's Wise Words

10장 The proverbs of Solomon
솔로몬의 잠언

11장 When pride comes, shame follows
교만하면 수치가 따른다

12장 Truthful words last forever
진실한 말은 영원히 남는다

13장 Work hard and do right
열심히 일하고 의를 행하라

14장 Respect for the Lord
주님을 공경하라

15장 The Lord sees everything
주님께서 모든 걸 보고 계신다

16장 Control your temper
성내지 말고 참아라

17장 The Lord tests our hearts
주님께서 우리 마음을 시험하신다

18장 Don't answer before listening
다 듣기 전에 대답하지 말라

19장 Listen to advice
충고에 귀를 기울여라

■ 쉬운 영어성경 NIrV로 잠언 낭독 실천하기

"오늘 부터 NIrV Bible로 영어낭독을 실천해야지! 아자~ 아자~~"
이렇듯 굳게 결심을 하여도 **혼자** 하면 대개 **작심삼일**로 끝납니다.
하지만 여러 사람과 **함께** 하면 작심삼일을 **작심백일**로 연장할 수 있죠.
다음은 서로 댓글로 응원하고 격려하며 함께 영어낭독을 실천하는 방법입니다.

**네이버카페에
녹음파일 올리며
함께 영어낭독
실천하는 법**

▷ 낭독실천가이드

1. **[낭독녹음·저장]**

   핸드폰에서 음성녹음 아이콘을 찾아 클릭 후,
   시작버튼을 눌러 낭독녹음을 하고 저장한다.

2. **[네이버카페 접속]**

   영어낭독학교 카페 접속 후,
   [낭독실천방]의 '01~100일 실천' 메뉴를 선택한다.

3. **[글쓰고 녹음파일 업로드]**

   화면에서 글쓰기 아이콘을 클릭하여,
   제목과 낭독소감을 짧게 입력하고,
   파일 아이콘을 클릭하여
   핸드폰에 저장된 낭독녹음파일을 업로드한다.

4. **[댓글달기]**

   다른 사람들의 낭독녹음에 댓글을 달고 응원 격려한다!

STEP 1.

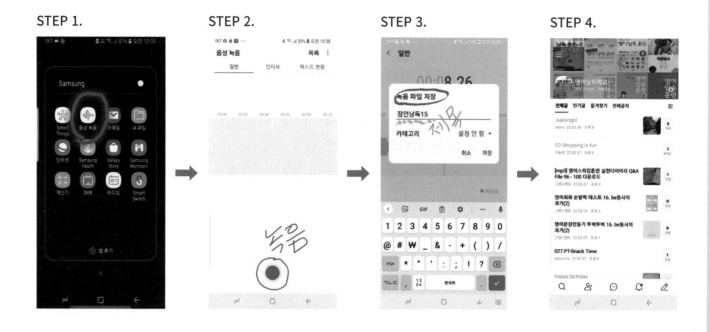

STEP 2.

STEP 3.

STEP 4.

STEP 5.

STEP 6.

STEP 7.

STEP 8.

■ QR코드로 AI원어민 녹음파일 다운받기

AI원어민 녹음의 장점

1. 다양한 남녀 원어민 음성

미국과 영국의 다양한 남녀 원어민 목소리로 들려준다.

2. 의미덩어리 끊어읽기

의미덩어리 끊어읽기를 하며 친절히 문장을 읽어줘요!

QR코드로 AI원어민 녹음파일 다운받는 방법

▷ QR코드로
AI원어민 녹음파일
다운받기 샘플

1. [QR코드 스캔 가능한 앱 실행]

폰에서 QR코드를 스캔하는 곳을 찾아 실행한다.

2. [QR코드 촬영하기]

폰 화면을 'AI원어민 녹음파일'이라고 쓰인 QR코드에 맞춘다.

※ 왼쪽의 'QR코드로 AI원어민 녹음파일 다운받기 샘플'로 연습해보세요.

3. [팝업창 또는 파란색 링크 제목 클릭]

화면에 뜨는 **팝업창**을 클릭하거나 파란색 링크 제목을 누른다.

4. [mp3 파일 다운 받기 완료!]

AI원어민이 녹음한 **NIrV 잠언의 mp3 파일**을 다운받을 수 있다!

AI원어민 녹음파일 활용법

1. 듣고 따라하기

먼저 AI원어민 발음을 주의 깊게 듣고, **흉내내듯 낭독**한다.

2. 자투리 시간 활용하기

하루 중 '**자투리**' 시간을 **활용**해 짬짬이 AI원어민 녹음을 듣는다.

King Solomon's Wise Words

Book **02**

잠언을 쉬운영어로 필사하고 낭독하기

솔로몬
필사
낭독

Contents

10장

The proverbs of Solomon

솔로몬의 잠언

Hands that work hard bring wealth

열심히 일하는 손은 부를 가져다 주리라

▷ AI원어민 녹음파일

- proverb
  속담, 잠언
- sorrow
  슬픔
- gain
  얻다
- sin
  죄, 죄를 짓다
- worth
  가치가 있는
- wealth
  부, 재산

NIrV 영어원문

※ /는 낭독을 할 때 의미덩어리 끊어읽기를 하는 곳

These are / the proverbs of Solomon.

1   A wise son / makes his father glad.
    But a foolish son / brings sorrow / to his mother.

2   Riches / that are gained by sinning / aren't worth anything.
    But / doing what is right / saves you from death.

3   The Lord gives / those who do right / the food they need.
    But he lets / those who do wrong / go hungry.

4   Hands / that don't want to work / make you poor.
    But hands / that work hard / bring wealth / to you.

NIrV 한글번역

이것은 솔로몬의 잠언이다. ¹ 지혜로운 아들은 아버지를 기쁘게 한다. 그러나 어리석은 아들은 어머니를 슬프게 하리라. ² 죄로 얻은 재물은 아무 가치가 없다. 그러나 옳은 일을 하면 죽음에서 구원을 받으리라. ³ 주님은 의를 행하는 사람들에게 필요한 양식을 주신다. 그러나 악을 행하는 사람들은 굶주리게 하시리라. ⁴ 일하기를 싫어하는 손은 너를 가난하게 만든다. 그러나 열심히 일하는 손은 네게 부를 가져다 주리라.

개역개정판 성경

¹ 솔로몬의 잠언이라 지혜로운 아들은 아비를 기쁘게 하거니와 미련한 아들은 어미의 근심이니라 ² 불의의 재물은 무익하여도 공의는 죽음에서 건지느니라 ³ 여호와께서 의인의 영혼은 주리지 않게 하시나 악인의 소욕은 물리치시느니라 ⁴ 손을 게으르게 놀리는 자는 가난하게 되고 손이 부지런한 자는 부하게 되느니라

■ 영어필사노트

_____

_____

_____

_____

_____

_____

_____

_____

_____

_____

_____

_____

_____

_____

_____

_____

_____

_____

_____

_____

_____

■ 영어낭독실천

▷ 낭독실천가이드

☑ 순서

낭독녹음 저장 → 카페 접속 → 녹음파일 업로드 → 응원댓글달기

☑ Check-Up   ☐ 녹음파일 업로드   ☐ 응원댓글달기

A wise heart accepts commands
지혜로운 마음은 명령을 받아들인다

▷ AI원어민 녹음파일

VOCA CHECK

- gather crops
  수확을 거두다
- shame
  수치, 부끄러움
- blessing
  축복
- rot
  썩다
- chattering
  잡담
- blame
  흠, 탓
- crooked path
  굽은 길

NIrV 영어원문   ※ /는 낭독을 할 때 의미덩어리 끊어읽기를 하는 곳

5 A child / who gathers crops in summer / is wise.
   But a child / who sleeps at harvest time / brings shame.

6 Blessings / are like crowns on the heads / of those who do right.
   But the trouble / caused by what sinners say / destroys them.

7 To remember / those who do right / is a blessing.
   But the names / of those who do wrong / will rot.

8 A wise heart / accepts commands.
   But foolish chattering / destroys you.

9 Anyone / who lives without blame / walks safely.
   But anyone who takes a crooked path / will get caught.

NIrV 한글번역

5 여름에 수확을 거두는 아이는 지혜롭다. 그러나 추수 때에 자는 아이는 수치를 당하리라. 6 축복은 옳은 일을 하는 사람들의 머리에 씌워지는 면류관과 같다. 그러나 악인들의 말로 인한 고난은 그들을 멸망시키리라. 7 의를 행하는 사람들을 기억하는 것은 복이 있다. 그러나 악을 행하는 자들의 이름은 썩으리라. 8 지혜로운 마음은 명령을 받아들인다. 그러나 어리석은 잡담은 너를 멸망시키리라. 9 흠 없이 사는 사람은 안전하게 걷는다. 그러나 굽은 길을 가는 사람은 잡히리라.

개역개정판 성경

5 여름에 거두는 자는 지혜로운 아들이나 추수 때에 자는 자는 부끄러움을 끼치는 아들이니라 6 의인의 머리에는 복이 임하나 악인의 입은 독을 머금었느니라 7 의인을 기념할 때에는 칭찬하거니와 악인의 이름은 썩게 되느니라 8 마음이 지혜로운 자는 계명을 받거니와 입이 미련한 자는 멸망하리라 9 바른 길로 행하는 자는 걸음이 평안하려니와 굽은 길로 행하는 자는 드러나리라

■ 영어필사노트

_____
_____
_____
_____
_____
_____
_____
_____
_____
_____
_____
_____
_____
_____
_____
_____
_____
_____
_____
_____
_____

■ 영어낭독실천

▷ 낭독실천가이드

☑ 순서

낭독녹음 저장 → 카페 접속 → 녹음파일 업로드 → 응원댓글달기

☑ Check-Up ☐ **녹음파일 업로드** ☐ **응원댓글달기**

10:10-13 **Love erases all sins**
사랑은 모든 죄를 지운다

▷ AI원어민 녹음파일

- destroy
  멸망시키다
- fountain
  샘
- stir up fights
  싸움을 일으키다
- erase
  지우다
- forgive
  용서하다
- sense
  분별(력)
- punish
  벌하다

NIrV 영어원문　　　　　　　　　　　　　　　※ /는 낭독을 할 때 의미덩어리 끊어읽기를 하는 곳

10　An evil wink / gets you into trouble.
　　And foolish chattering / destroys you.

11　The mouths / of those who do right / are a fountain of life.
　　But the trouble / caused by what sinners say / destroys them.

12　Hate / stirs up fights.
　　But love / erases all sins / by forgiving them.

13　Wisdom is found / on the lips / of those who understand / what is right.
　　But those who have no sense / are punished.

NIrV 한글번역

10 사악한 윙크는 너를 곤경에 빠뜨린다. 그리고 어리석은 잡담은 너를 멸망시키리라. 11 옳은 일을 하는 사람들의 입은 생명의 샘이다. 그러나 악인들의 말로 인한 고난은 그들을 멸망시키리라. 12 미움은 싸움을 일으킨다. 그러나 사랑은 용서함으로써 모든 죄를 지운다. 13 무엇이 옳은지를 깨달아 아는 사람들의 입술에는 지혜가 있다. 그러나 분별하지 못하는 사람들은 벌을 받으리라.

개역개정판 성경

10 눈짓하는 자는 근심을 끼치고 입이 미련한 자는 멸망하느니라 11 의인의 입은 생명의 샘이라도 악인의 입은 독을 머금었느니라 12 미움은 다툼을 일으켜도 사랑은 모든 허물을 가리느니라 13 명철한 자의 입술에는 지혜가 있어도 지혜 없는 자의 등을 위하여는 채찍이 있느니라

■ 영어필사노트

_____

_____

_____

_____

_____

_____

_____

_____

_____

_____

_____

_____

_____

_____

_____

_____

_____

_____

_____

_____

_____

■ 영어낭독실천

▷ 낭독실천가이드

☑ 순서

→ → →

낭독녹음 저장   카페 접속   녹음파일 업로드   응원댓글달기

☑ Check-Up   ☐ 녹음파일 업로드   ☐ 응원댓글달기

Wise people store up knowledge
지혜로운 사람들은 지식을 쌓는다

▷ AI원어민 녹음파일

- **store up**
  쌓다, 저장하다
- **earn life**
  생명을 얻다
- **pay attention to**
  귀 기울이다
- **correction**
  교정, 지적
- **path**
  길
- **refuse**
  거부하다

NIrV 영어원문   ※ /는 낭독을 할 때 의미덩어리 끊어읽기를 하는 곳

14 Wise people / store up knowledge.
    But the mouths of foolish people / destroy them.

15 The wealth of rich people / is like a city / that makes them feel safe.
    But having nothing / destroys / those who are poor.

16 People / who do what is right / earn life.
    But sinners / earn sin and death.

17 Anyone / who pays attention to correction / shows the path / to life.
    But anyone / who refuses to be corrected / leads others / down the
    wrong path.

NIrV 한글번역

14 지혜로운 사람들은 지식을 쌓는다. 그러나 어리석은 사람들의 입은 그들을 멸망시
키리라. 15 부자의 재물은 그들을 안심시키는 성읍과 같다. 그러나 아무것도 가진 것이
없는 것은 가난한 사람들을 망하게 하리라. 16 옳은 일을 하는 사람들은 생명을 얻는
다. 그러나 악인들은 죄와 사망을 얻으리라. 17 지적에 귀 기울이는 사람은 생명의 길
을 보여준다. 그러나 지적 당하는 걸 거부하는 사람은 다른 사람들을 잘못된 길로 인도
한다.

개역개정판 성경

14 지혜로운 자는 지식을 간직하거니와 미련한 자의 입은 멸망에 가까우니라 15 부자의
재물은 그의 견고한 성이요 가난한 자의 궁핍은 그의 멸망이니라 16 의인의 수고는 생
명에 이르고 악인의 소득은 죄에 이르느니라 17 훈계를 지키는 자는 생명 길로 행하여
도 징계를 버리는 자는 그릇 가느니라

■ 영어필사노트

■ 영어낭독실천

▷ 낭독실천가이드

☑ 순서

낭독녹음 저장 → 카페 접속 → 녹음파일 업로드 → 응원댓글달기

☑ Check-Up ☐ 녹음파일 업로드 ☐ 응원댓글달기

Those who talk a lot are likely to sin

말을 많이 하는 사람은 죄를 짓기 쉽다

▷ AI원어민 녹음파일

VOCA
CHECK

· hide hatred
미움을 숨기다

· spread lies
거짓말을 퍼뜨리다

· be likely to ~
~하기 쉽다

· tongue
혀

· benefit
이롭게 하다

NIrV 영어원문　　　　　　　　　　　　　　※ /는 낭독을 할 때 의미덩어리 끊어읽기를 하는 곳

18　Anyone / who hides hatred with lying lips / and spreads lies / is foolish.

19　Those who talk a lot / are likely to sin.
　　But those / who control their tongues / are wise.

20　The tongues / of those who do right / are like fine silver.
　　But the hearts / of those who do wrong / aren't worth very much.

21　The words / of those who do right / benefit many people.
　　But those who are foolish / die / because / they have no sense.

22　The blessing of the Lord / brings wealth.
　　Trouble / doesn't come with it.

NIrV 한글번역

18 거짓 입술로 미움을 숨기고 거짓말을 퍼뜨리는 사람은 미련하다. 19 말을 많이 하는 사람은 죄를 짓기 쉽다. 그러나 혀를 다스리는 사람은 지혜롭다. 20 올바로 행하는 사람들의 혀는 순은과 같다. 그러나 잘못을 행하는 사람들의 마음은 별로 가치가 없다. 21 의를 행하는 이들의 말은 많은 사람들을 이롭게 한다. 그러나 어리석은 자들은 분별하지 못하기 때문에 죽는다. 22 주님의 축복은 재물을 가져다 준다. 어려움이 함께 하지 않으리라.

개역개정판 성경

18 미움을 감추는 자는 거짓된 입술을 가진 자요 중상하는 자는 미련한 자이니라 19 말이 많으면 허물을 면하기 어려우나 그 입술을 제어하는 자는 지혜가 있느니라 20 의인의 혀는 순은과 같거니와 악인의 마음은 가치가 적으니라 21 의인의 입술은 여러 사람을 교육하나 미련한 자는 지식이 없어 죽느니라 22 여호와께서 주시는 복은 사람을 부하게 하고 근심을 겸하여 주지 아니하시느니라

■ 영어필사노트

_____

_____

_____

_____

_____

_____

_____

_____

_____

_____

_____

_____

_____

_____

_____

_____

_____

_____

_____

■ 영어낭독실천

▷ 낭독실천가이드

☑ 순서

낭독녹음 저장 → 카페 접속 → 녹음파일 업로드 → 응원댓글달기

☑ Check-Up   ☐ 녹음파일 업로드   ☐ 응원댓글달기

Those who do right stand firm forever
의를 행하는 이들은 영원히 굳게 서리라

▷ AI원어민 녹음파일

VOCA CHECK

- pleasure
  기쁨, 즐거움
- understanding
  깨달음
- take delight in
  기뻐하다
- catch up with
  발목을 잡다
- stand firm
  굳게 서다
- hurt
  해치다
- vinegar
  식초

NIrV 영어원문   ※ /는 낭독을 할 때 의미덩어리 끊어읽기를 하는 곳

23 A foolish person / finds pleasure / in evil plans.
    But a person / who has understanding / takes delight in wisdom.

24 What sinners are afraid of / will catch up with them.
    But those who do right / will get / what they want.

25 When the storm is over, / sinners are gone.
    But those who do right / stand firm forever.

26 Those / who don't want to work / hurt those who send them.
    They are like vinegar / on the teeth / or / smoke in the eyes.

27 Having respect for the Lord / leads to a longer life.
    But the years of evil people / are cut short.

NIrV 한글번역

23 어리석은 사람은 악한 계획에서 기쁨을 찾는다. 그러나 깨달음이 있는 사람은 지혜를 기뻐하리라. 24 악인들이 두려워하는 것이 결국 그들의 발목을 잡을 것이다. 그러나 의를 행하는 사람들은 원하는 것을 얻으리라. 25 폭풍이 끝나면 악인들은 사라진다. 그러나 의를 행하는 사람들은 영원히 굳게 서리라. 26 일하기를 싫어하는 자들은 그들을 보내는 사람들을 해친다. 그들은 이빨에 식초나 눈의 연기와 같으리라. 27 주님을 경외하는 것은 장수의 삶으로 이끈다. 그러나 악한 사람들의 햇수는 짧아지리라.

개역개정판 성경

23 미련한 자는 행악으로 낙을 삼는 것 같이 명철한 자는 지혜로 낙을 삼느니라 24 악인에게는 그의 두려워하는 것이 임하거니와 의인은 그 원하는 것이 이루어지느니라 25 회오리바람이 지나가면 악인은 없어져도 의인은 영원한 기초 같으니라 26 게으른 자는 그 부리는 사람에게 마치 이에 식초 같고 눈에 연기 같으니라 27 여호와를 경외하면 장수하느니라 그러나 악인의 수명은 짧아지느니라

■ 영어필사노트

■ 영어낭독실천

☑ 순서

낭독녹음 저장 → 카페 접속 → 녹음파일 업로드 → 응원댓글달기

☑ Check-Up ☐ 녹음파일 업로드 ☐ 응원댓글달기

The way of the Lord leads to a safe place

주님의 길은 안전한 곳으로 인도한다

▷ AI 원어민 녹음파일

- expect
  기대하다

- be bound to ~
  반드시 ~하다

- remove
  없애다, 제거하다

- remain
  머무르다

- twisted
  뒤틀린, 왜곡된

- proper
  올바른

NIrV 영어원문 ※ /는 낭독을 할 때 의미덩어리 끊어읽기를 하는 곳

28 Those who do right / can expect joy.
But the hopes of sinners / are bound to fail.

29 The way of the Lord / leads to a safe place / for those who do right.
But it destroys / those who do evil.

30 Those who do right / will never be removed / from the land.
But those who do wrong / will not remain in it.

31 The mouths / of those who do right / produce wisdom.
But tongues / that speak twisted words / will be cut out.

32 Those who do right / know the proper thing / to say.
But those who do wrong / speak only twisted words.

NIrV 한글번역

²⁸ 의를 행하는 사람들은 기쁨을 기대할 수 있다. 그러나 악인들의 소망은 반드시 실패하리라. ²⁹ 주님의 길은 의를 행하는 사람들을 안전한 곳으로 인도한다. 그러나 악을 행하는 자들은 멸망시키리라. ³⁰ 의를 행하는 사람들은 결코 그 땅에서 없어지지 않을 것이다. 그러나 악을 행하는 자들은 그 안에 머물지 못하리라. ³¹ 의를 행하는 사람들의 입은 지혜를 낳는다. 그러나 뒤틀린 말을 하는 혀는 잘려 나가리라. ³² 의를 행하는 사람들은 올바른 말을 할 줄 안다. 그러나 악을 행하는 자들은 뒤틀린 말만 하리라.

개역개정판 성경

²⁸ 의인의 소망은 즐거움을 이루어도 악인의 소망은 끊어지느니라 ²⁹ 여호와의 도가 정직한 자에게는 산성이요 행악하는 자에게는 멸망이니라 ³⁰ 의인은 영영히 이동되지 아니하여도 악인은 땅에 거하지 못하게 되느니라 ³¹ 의인의 입은 지혜를 내어도 패역한 혀는 베임을 당할 것이니라 ³² 의인의 입술은 기쁘게 할 것을 알거늘 악인의 입은 패역을 말하느니라

■ 영어필사노트

■ 영어낭독실천

▷ 낭독실천가이드

☑ 순서

낭독녹음 저장 → 카페 접속 → 녹음파일 업로드 → 응원댓글달기

☑ Check-Up   ☐ 녹음파일 업로드   ☐ 응원댓글달기

11장

When pride comes, shame follows

교만하면 수치가 따른다

When pride comes, shame follows
교만이 오면 수치가 따른다

▷ AI원어민 녹음파일

- scale
  저울
- cheat
  속이다
- delighted
  기쁜
- weight
  무게, 저울추
- shame
  수치, 부끄러움
- faithful
  신실한
- trickery
  속임수

NIrV 영어원문　　　　　　　　　　　※ /는 낭독을 할 때 의미덩어리 끊어읽기를 하는 곳

1　The Lord hates it / when people use scales / to cheat others.
　　But he is delighted / when people use honest weights.

2　When pride comes, / shame follows.
　　But wisdom comes / to those / who are not proud.

3　Those / who do what is right / are guided by their honest lives.
　　But those who aren't faithful / are destroyed / by their trickery.

4　Wealth / isn't worth anything / when God judges you.
　　But doing what is right / saves you / from death.

NIrV 한글번역

¹ 주님께서는 사람들이 저울로 남을 속이는 걸 싫어하신다. 그러나 사람들이 정직한 저울추를 사용하면 기뻐하시리라. ² 교만이 오면 수치가 따른다. 그러나 지혜는 교만하지 않은 사람에게 찾아오리라. ³ 옳은 일을 하는 사람들은 자기의 정직한 삶의 인도를 받는다. 그러나 신실하지 않은 자들은 자기의 속임수로 망하리라. ⁴ 하나님이 너를 심판하실 때 재물은 아무 가치가 없다. 그러나 의를 행하면 죽음에서 구원을 받으리라.

개역개정판 성경

¹ 속이는 저울은 여호와께서 미워하시나 공평한 추는 그가 기뻐하시느니라 ² 교만이 오면 욕도 오거니와 겸손한 자에게는 지혜가 있느니라 ³ 정직한 자의 성실은 자기를 인도하거니와 사악한 자의 패역은 자기를 망하게 하느니라 ⁴ 재물은 진노하시는 날에 무익하나 공의는 죽음에서 건지느니라

■ 영어필사노트

■ 영어낭독실천

☑ 순서

낭독녹음 저장 → 카페 접속 → 녹음파일 업로드 → 응원댓글달기

☑ Check-Up   ☐ 녹음파일 업로드   ☐ 응원댓글달기

Those who do right are saved from trouble

의를 행하는 사람은 환난에서 구원을 받으리라

▶ AI원어민 녹음파일

- honest
  정직한
- straight
  곧은
- be brought down
  넘어지다, 쓰러지다
- godly
  경건한
- be trapped by ~
  ~에 사로잡히다
- longing
  욕망, 갈망

NIrV 영어원문 ※ /는 낭독을 할 때 의미덩어리 끊어읽기를 하는 곳

5 The ways of honest people / are made straight / because / they do what is right.
But those who do what is wrong / are brought down / by their own sins.

6 Godly people are saved / by doing what is right.
But those who aren't faithful / are trapped / by evil longings.

7 When an evil man dies, / his hope dies / with him.
Everything he expected / to gain from his power / will be lost.

8 Those who do right / are saved from trouble.
But trouble comes / on those who do wrong.

NIrV 한글번역

5 정직한 사람들의 길이 곧은 것은 그들이 옳은 일을 하기 때문이다. 그러나 악을 행하는 자들은 자기 죄로 말미암아 넘어지리라. 6 경건한 사람들은 의를 행함으로 구원을 받는다. 그러나 신실하지 않은 사람은 악한 욕망에 사로잡히리라. 7 악인이 죽으면 그의 소망도 함께 죽는다. 그가 자신의 권력에서 얻으리라 기대했던 모든 것을 잃게 되리라. 8 의를 행하는 사람은 환난에서 구원을 받는다. 그러나 악을 행하는 자들에게는 고난이 찾아오리라.

개역개정판 성경

5 완전한 자의 공의는 자기의 길을 곧게 하려니와 악한 자는 자기의 악으로 말미암아 넘어지리라 6 정직한 자의 공의는 자기를 건지려니와 사악한 자는 자기의 악에 잡히리라 7 악인은 죽을 때에 그 소망이 끊어지나니 불의의 소망이 없어지느니라 8 의인은 환난에서 구원을 얻으나 악인은 자기의 길로 가느니라

■ 영어필사노트

■ 영어낭독실천

▷ 낭독실천가이드

☑ 순서

낭독녹음 저장 → 카페 접속 → 녹음파일 업로드 → 응원댓글달기

☑ Check-Up   ☐ 녹음파일 업로드   ☐ 응원댓글달기

11:9-12 A man who has understanding controls his tongue
깨달음을 얻은 사람은 자기 혀를 다스린다

▷ AI원어민 녹음파일

VOCA CHECK

- ungodly
  경건하지 않은
- escape
  피하다
- shout for joy
  기뻐 외치다
- sense
  분별(함)
- make fun of
  조롱하다, 비웃다
- understanding
  깨달음

NIrV 영어원문   ※ /는 낭독을 할 때 의미덩어리 끊어읽기를 하는 곳

9 With their words / ungodly people / destroy their neighbors.
   But those who do what is right / escape / because of their knowledge.

10 When those who do right / succeed, / their city is glad.
   When those who do wrong / die, / people shout for joy.

11 The blessing of honest people / builds up a city.
   But the words of sinners / destroy it.

12 A person who has no sense / makes fun of his neighbor.
   But a man who has understanding / controls his tongue.

NIrV 한글번역

⁹ 경건하지 않은 자들은 자기의 말로 이웃을 멸망시킨다. 그러나 의를 행하는 사람들은 자기의 지식 때문에 피하리라. ¹⁰ 의를 행하는 사람들이 성공하면 그들의 성읍도 기뻐한다. 악을 행하는 자들이 죽으면 사람들이 기뻐 외치리라. ¹¹ 정직한 사람들의 축복은 성읍을 세운다. 그러나 악인들의 말은 그것을 파괴하리라. ¹² 분별함이 없는 사람은 이웃을 조롱한다. 그러나 깨달음을 얻은 사람은 자기 혀를 다스리리라.

개역개정판 성경

⁹ 악인은 입으로 그의 이웃을 망하게 하여도 의인은 그의 지식으로 말미암아 구원을 얻느니라 ¹⁰ 의인이 형통하면 성읍이 즐거워하고 악인이 패망하면 기뻐 외치느니라 ¹¹ 성읍은 정직한 자의 축복으로 인하여 진흥하고 악한 자의 입으로 말미암아 무너지느니라 ¹² 지혜 없는 자는 그의 이웃을 멸시하나 명철한 자는 잠잠하느니라

■ 영어필사노트

_____

_____

_____

_____

_____

_____

_____

_____

_____

_____

_____

_____

_____

_____

_____

_____

_____

_____

■ 영어낭독실천

▷ 낭독실천가이드

☑ 순서

낭독녹음 저장　→　카페 접속　→　녹음파일 업로드　→　응원댓글달기

☑ Check-Up　☐ 녹음파일 업로드　☐ 응원댓글달기

A kind man benefits himself

착한 사람은 스스로를 이롭게 한다

▷ AI원어민 녹음파일

· trust
  믿다

· keep the secret
  비밀을 지키다

· guidance
  지도(함)

· put up money
  돈을 치르다

· owe
  빚지다

· benefit
  이롭게 하다

· mean
  못된

NIrV 영어원문   ※ /는 낭독을 할 때 의미덩어리 끊어읽기를 하는 곳

13 Those who talk about others / tell secrets.
   But those / who can be trusted / keep the secrets of others.

14 Without guidance / a nation falls.
   But many good advisers / can save it.

15 Anyone who puts up money / for what someone else owes / will certainly suffer.
   But a person / who doesn't agree / to pay up for someone else / is safe.

16 A woman / who has a kind heart / gains respect.
   But men who are not kind / gain only wealth.

17 A kind man / benefits himself.
   But a mean person / brings trouble / on himself.

NIrV 한글번역

¹³ 남에 대해 말하는 사람들은 비밀을 말한다. 그러나 믿을 수 있는 사람들은 남의 비밀을 지키리라. ¹⁴지도함이 없으면 나라가 망한다. 그러나 많은 훌륭한 조언자들이 나라를 구하리라. ¹⁵ 남이 진 빚을 위해 돈을 치르는 사람은 분명히 고통을 당할 것이다. 그러나 다른 사람을 위해 지불하는데 동의하지 않는 사람은 안전하리라. ¹⁶ 마음이 착한 여자는 존경을 받는다. 그러나 착하지 않은 사람들은 오직 재물만 취하리라. ¹⁷ 착한 사람은 스스로를 이롭게 한다. 그러나 못된 사람은 스스로 고난을 부르리라.

개역개정판 성경

¹³ 두루 다니며 한담하는 자는 남의 비밀을 누설하나 마음이 신실한 자는 그런 것을 숨기느니라 ¹⁴ 지략이 없으면 백성이 망하여도 지략이 많으면 평안을 누리느니라 ¹⁵ 타인을 위하여 보증이 되는 자는 손해를 당하여도 보증이 되기를 싫어하는 자는 평안하니라 ¹⁶ 유덕한 여자는 존영을 얻고 근면한 남자는 재물을 얻느니라 ¹⁷ 인자한 자는 자기의 영혼을 이롭게 하고 잔인한 자는 자기의 몸을 해롭게 하느니라

■ 영어필사노트

■ 영어낭독실천

▷ 낭독실천가이드

☑ 순서

낭독녹음 저장 → 카페 접속 → 녹음파일 업로드 → 응원댓글달기

☑ Check-Up   ☐ 녹음파일 업로드   ☐ 응원댓글달기

Right living leads to life

올바른 삶은 생명으로 인도한다

▷ AI원어민 녹음파일

VOCA CHECK

· plant
  심다
· reward
  상을 주다, 보답하다
· certainly
  분명히, 반드시
· live without blame
  흠 없이 살다
· sinner
  죄인, 악인
· punish
  벌을 주다

NIrV 영어원문   ※ /는 낭독을 할 때 의미덩어리 끊어읽기를 하는 곳

18 An evil person / really earns nothing.
    But the one / who plants what is right / will certainly / be rewarded.

19 Surely / right living / leads to life.
    But anyone / who runs after evil / will die.

20 The Lord hates / those whose hearts / are twisted.
    But he is pleased / with those / who live without blame.

21 You can be sure / that sinners / will be punished.
    And you can also be sure / that godly people / will go free.

22 A beautiful woman / who has no sense / is like a gold ring / in a
    pig's nose.

NIrV 한글번역

18 악한 사람은 실제로 아무 것도 얻지 못한다. 그러나 옳은 것을 심는 이는 반드시 상을 받으리라. 19 확실히 올바른 삶은 생명으로 인도한다. 그러나 악을 좇는 자는 죽으리라. 20 주님은 마음이 뒤틀린 자들을 미워하신다. 그러나 흠 없이 사는 사람들은 기뻐하신다. 21 악인들이 벌을 받으리라는 것은 분명하다. 또 경건한 사람들이 자유롭게 되리라는 것도 분명하다. 22 분별함이 없는 아름다운 여인은 돼지 코에 금반지를 끼운 것과 같다.

개역개정판 성경

18 악인의 삯은 허무하되 공의를 뿌린 자의 상은 확실하니라 19 공의를 굳게 지키는 자는 생명에 이르고 악을 따르는 자는 사망에 이르느니라 20 마음이 굽은 자는 여호와께 미움을 받아도 행위가 온전한 자는 그의 기뻐하심을 받느니라 21 악인은 피차 손을 잡을지라도 벌을 면하지 못할 것이나 의인의 자손은 구원을 얻으리라 22 아름다운 여인이 삼가지 아니하는 것은 마치 돼지 코에 금 고리 같으니라

■ 영어필사노트

―――――――――――――――――――――――――――――――――――
―――――――――――――――――――――――――――――――――――
―――――――――――――――――――――――――――――――――――
―――――――――――――――――――――――――――――――――――
―――――――――――――――――――――――――――――――――――
―――――――――――――――――――――――――――――――――――
―――――――――――――――――――――――――――――――――――
―――――――――――――――――――――――――――――――――――
―――――――――――――――――――――――――――――――――――
―――――――――――――――――――――――――――――――――――
―――――――――――――――――――――――――――――――――――
―――――――――――――――――――――――――――――――――――
―――――――――――――――――――――――――――――――――――
―――――――――――――――――――――――――――――――――――
―――――――――――――――――――――――――――――――――――
―――――――――――――――――――――――――――――――――――
―――――――――――――――――――――――――――――――――――
―――――――――――――――――――――――――――――――――――

■ 영어낭독실천

▷ 낭독실천가이드

☑ 순서

낭독녹음 저장 → 카페 접속 → 녹음파일 업로드 → 응원댓글달기

☑ Check-Up ☐ 녹음파일 업로드 ☐ 응원댓글달기

Some give freely but get even richer

어떤 사람들은 거저 주어도 더 부유해진다

▷ AI원어민 녹음파일

VOCA CHECK

· long for
  바라다
· call down curses
  저주하다
· grain
  곡식
· favor
  은총

NIrV 영어원문
※ /는 낭독을 할 때 의미덩어리 끊어읽기를 하는 곳

23 What godly people long for / ends only / in what is good.
   But what sinners hope for / ends only / in God's anger.

24 Some give freely / but / get even richer.
   Others don't give / what they should / but / get even poorer.

25 Anyone who gives a lot / will succeed.
   Anyone / who renews others / will be renewed.

26 People call down curses / on those / who store up grain / for themselves.
   But blessing makes / those who are willing to sell / feel like kings.

27 Anyone / who looks for what is good / finds favor.
   But bad things / happen to a person / who plans to do evil.

NIrV 한글번역

23 경건한 사람들이 바라는 것은 오직 선한 것으로 끝난다. 그러나 악인들이 소망하는 것은 하나님의 분노로 끝날 뿐이다. 24 어떤 사람들은 거저 주어도 더 부유해진다. 다른 이들은 마땅히 주어야 할 것을 주지 않아도 더욱 가난해진다. 25 많이 주는 사람은 성공할 것이다. 남을 새롭게 하는 사람은 새롭게 될 것이다. 26 사람들은 자신을 위해 곡식을 쌓아놓는 자들을 저주한다. 그러나 축복은 팔고자 하는 사람들을 왕처럼 느끼게 하리라. 27 선한 것을 구하는 사람은 은총을 받는다. 그러나 악을 행하려는 사람에게는 나쁜 일들이 일어나리라.

개역개정판 성경

23 의인의 소원은 오직 선하나 악인의 소망은 진노를 이루느니라 24 흩어 구제하여도 더욱 부하게 되는 일이 있나니 과도히 아껴도 가난하게 될 뿐이니라 25 구제를 좋아하는 자는 풍족하여질 것이요 남을 윤택하게 하는 자는 자기도 윤택하여지리라 26 곡식을 내놓지 아니하는 자는 백성에게 저주를 받을 것이나 파는 자는 그의 머리에 복이 임하리라 27 선을 간절히 구하는 자는 은총을 얻으려니와 악을 더듬어 찾는 자에게는 악이 임하리라

■ 영어필사노트

■ 영어낭독실천

☑ 순서

낭독녹음 저장 → 카페 접속 → 녹음파일 업로드 → 응원댓글달기

☑ Check-Up   ☐ 녹음파일 업로드   ☐ 응원댓글달기

11:28-31 Those who trust in their riches will fall
자기 재물을 신뢰하는 자는 넘어지리라

▷ AI원어민 녹음파일

VOCA CHECK

- those who ~
  ~하는 자들/사람들
- trust in
  신뢰하다
- nothing but
  단지, 오직
- bear the fruit
  열매를 맺다

NIrV 영어원문 ※ /는 낭독을 할 때 의미덩어리 끊어읽기를 하는 곳

28 Those / who trust in their riches / will fall.
But those who do right / will be as healthy / as a green leaf.

29 Those who bring trouble / on their families / will receive / nothing but wind.
And foolish people / will serve wise people.

30 The fruit / that godly people bear / is like a tree of life.
And those who are wise / save lives.

31 Godly people / get what they should get / on earth.
So / ungodly people and sinners / will certainly get / what they should get!

NIrV 한글번역

²⁸ 자기 재물을 신뢰하는 자들은 넘어질 것이다. 그러나 의를 행하는 사람들은 푸른 잎사귀처럼 건강해지리라. ²⁹ 자기 가족을 괴롭히는 자들은 바람 밖에는 받을 것이 없다. 그리고 어리석은 사람들은 지혜로운 사람들을 섬기리라. ³⁰ 경건한 사람들이 맺는 열매는 생명나무와 같다. 그리고 지혜로운 사람들은 생명을 구하리라. ³¹ 경건한 사람들은 땅에서 받아야 할 것을 얻는다. 그리하여 경건치 못한 사람들과 악인들은 그들이 받아야 할 것을 반드시 받게 되리라!

개역개정판 성경

²⁸ 자기의 재물을 의지하는 자는 패망하려니와 의인은 푸른 잎사귀 같아서 번성하리라 ²⁹ 자기 집을 해롭게 하는 자의 소득은 바람이라 미련한 자는 마음이 지혜로운 자의 종이 되리라 ³⁰ 의인의 열매는 생명 나무라 지혜로운 자는 사람을 얻느니라 ³¹ 보라 의인이라도 이 세상에서 보응을 받겠거든 하물며 악인과 죄인이리요

■ 영어필사노트

■ 영어낭독실천

☑ 순서

낭독녹음 저장 → 카페 접속 → 녹음파일 업로드 → 응원댓글달기

▷ 낭독실천가이드

☑ Check-Up ☐ 녹음파일 업로드 ☐ 응원댓글달기

12장

Truthful words
last forever

진실한 말은 영원히 남는다

The Lord blesses anyone who does good
주님은 선을 행하는 사람에게 복을 주신다

▷ AI원어민 녹음파일

· correction
  교정, 지적
· stupid
  미련한
· judge
  심판하다
· do evil
  악을 행하다
· steady
  견고한
· noble
  고귀한

NIrV 영어원문   ※ /는 낭독을 할 때 의미덩어리 끊어읽기를 하는 곳

1   Anyone who loves correction / loves knowledge.
    Anyone / who hates to be corrected / is stupid.

2   The Lord blesses / anyone who does good.
    But he judges / anyone who plans / to do evil.

3   No one / can become strong and steady / by doing evil.
    But / if people do what is right, / they can't be removed / from the
    land.

4   A noble wife / is her husband's crown.
    But a wife / who brings shame / is like sickness / in his bones.

NIrV 한글번역

1 교정을 사랑하는 사람은 지식을 사랑한다. 교정 받는 것을 싫어하는 사람은 미련하다. 2 주님은 선을 행하는 사람에게 복을 주신다. 그러나 악을 행하려는 사람은 심판하신다. 3 누구든지 악을 행함으로 강하고 견고해질 수 없다. 그러나 만약 사람이 의를 행하면 그 땅에서 없어지지 않으리라. 4 고귀한 아내는 남편의 면류관이다. 그러나 수치를 가져오는 아내는 그의 뼈에 있는 병과 같다.

개역개정판 성경

1 훈계를 좋아하는 자는 지식을 좋아하거니와 징계를 싫어하는 자는 짐승과 같으니라 2 선인은 여호와께 은총을 받으려니와 악을 꾀하는 자는 정죄하심을 받으리라 3 사람이 악으로서 굳게 서지 못하거니와 의인의 뿌리는 움직이지 아니하느니라 4 어진 여인은 그 지아비의 면류관이나 욕을 끼치는 여인은 그 지아비의 뼈가 썩음 같게 하느니라

■ 영어필사노트

_____

_____

_____

_____

_____

_____

_____

_____

_____

_____

_____

_____

_____

_____

_____

_____

_____

_____

_____

_____

_____

■ 영어낭독실천

▷ 낭독실천가이드

☑ 순서

낭독녹음 저장 → 카페 접속 → 녹음파일 업로드 → 응원댓글달기

☑ Check-Up   ☐ 녹음파일 업로드   ☐ 응원댓글달기

A man is praised for how wise he is

사람은 얼마나 지혜로운 지에 따라 칭찬을 받는다

▶ AI원어민 녹음파일

VOCA CHECK

· advice
  충고
· hide
  숨다
· spill
  흘리다
· take away
  치우다
· stand firm
  굳건하다
· praise
  칭찬하다
· pretend
  척하다, 가장하다

NIrV 영어원문   ※ /는 낭독을 할 때 의미덩어리 끊어읽기를 하는 곳

5 The plans of godly people / are right.
  But the advice of sinners / will lead you / the wrong way.

6 The words / of those who are evil / hide and wait / to spill people's blood.
  But the speech / of those who are honest / saves them / from traps like that.

7 Sinners are destroyed / and taken away.
  But the houses of godly people / stand firm.

8 A man is praised / for how wise he is.
  But people hate / those who have twisted minds.

9 Being nobody / and having a servant / is better / than pretending to be somebody / and having no food.

NIrV 한글번역

5 경건한 사람들의 계획은 옳다. 그러나 악인들의 충고는 너를 잘못된 길로 이끌 것이다. 6 악한 자들의 말은 숨어서 피 흘리기를 기다린다. 그러나 정직한 사람들의 말은 그런 덫에서 구한다. 7 악인들은 멸망 당하고 치워진다. 그러나 경건한 사람들의 집은 굳건하다. 8 사람은 얼마나 지혜로운 지에 따라 칭찬을 받는다. 그러나 사람들은 삐뚤어진 마음을 가진 자들은 미워한다. 9 별 볼일 없는 사람이지만 종이 있는 것이 대단한 사람인 척 하지만 먹을 것 없는 것보다 낫다.

개역개정판 성경

5 의인의 생각은 정직하여도 악인의 도모는 속임이니라 6 악인의 말은 사람을 엿보아 피를 흘리자 하는 것이거니와 정직한 자의 입은 사람을 구원하느니라 7 악인은 엎드러져서 소멸되려니와 의인의 집은 서 있으리라 8 사람은 그 지혜대로 칭찬을 받으려니와 마음이 굽은 자는 멸시를 받으리라 9 비천히 여김을 받을지라도 종을 부리는 자는 스스로 높은 체하고도 음식이 핍절한 자보다 나으니라

■ 영어필사노트

■ 영어낭독실천

▷ 낭독실천가이드

☑ 순서

낭독녹음 저장   카페 접속   녹음파일 업로드   응원댓글달기

☑ Check-Up   ☐ **녹음파일 업로드**   ☐ **응원댓글달기**

Many good things come from what people say

사람들의 말에서 많은 좋은 것이 나온다

▷ AI원어민 녹음파일

- **take good care of**
  잘 돌보다
- **mean**
  못된, 비열한
- **farm**
  농사 짓다
- **plenty of**
  풍부한
- **chase**
  쫓다
- **for a while**
  잠시
- **last**
  지속하다, 오래가다

NIrV 영어원문   ※ /는 낭독을 할 때 의미덩어리 끊어읽기를 하는 곳

10 Those who do what is right / take good care of / their animals.
    But the kindest acts / of those who do wrong / are mean.

11 Anyone who farms his land / will have plenty of food.
    But a person / who chases dreams / has no sense.

12 Those who do what is wrong / are safe / for just a while.
    But those who do what is right / last forever.

13 A sinner is trapped / by his sinful talk.
    But a godly person / escapes trouble.

14 Many good things come / from what people say.
    And the work of their hands / rewards them.

NIrV 한글번역

¹⁰ 의를 행하는 사람들은 자기 동물들을 잘 돌본다. 그러나 악을 행하는 자들의 가장 착한 행동도 비열하다. ¹¹ 자기 땅을 농사 짓는 사람은 먹을 것이 풍부할 것이다. 그러나 꿈을 쫓는 사람은 분별력이 없다. ¹² 악한 일을 행하는 자들은 잠시 동안은 안전하다. 그러나 옳은 일을 행하는 사람들은 영원하리라. ¹³ 악인은 자신의 악한 말에 갇힌다. 그러나 경건한 사람은 환난을 피하리라. ¹⁴ 사람들의 말에서 많은 좋은 것이 나온다. 그리고 그들의 손이 하는 일은 보상을 받으리라.

개역개정판 성경

¹⁰ 의인은 자기의 가축의 생명을 돌보나 악인의 긍휼은 잔인이니라 ¹¹ 자기의 토지를 경작하는 자는 먹을 것이 많거니와 방탕한 것을 따르는 자는 지혜가 없느니라 ¹² 악인은 불의의 이익을 탐하나 의인은 그 뿌리로 말미암아 결실하느니라 ¹³ 악인은 입술의 허물로 말미암아 그물에 걸려도 의인은 환난에서 벗어나느니라 ¹⁴ 사람은 입의 열매로 말미암아 복록에 족하며 그 손이 행하는 대로 자기가 받느니라

■ 영어필사노트

■ 영어낭독실천

▷ 낭독실천가이드

☑ 순서

낭독녹음 저장 ➔ 카페 접속 ➔ 녹음파일 업로드 ➔ 응원댓글달기

☑ Check-Up ☐ 녹음파일 업로드 ☐ 응원댓글달기

Truthful words last forever

진실한 말은 영원하다

▷ AI원어민 녹음파일

VOCA CHECK

· **seem right**
옳아 보이다
· **be easily upset**
쉽게 당황해 하다
· **hurtful**
상처를 주는
· **witness**
증인
· **dishonest**
정직하지 못한
· **thoughtless**
생각 없는

NIrV 영어원문   ※ /는 낭독을 할 때 의미덩어리 끊어읽기를 하는 곳

15 The way of a foolish person / seems right to him.
    But a wise person / listens to advice.

16 Foolish people / are easily upset.
    But wise people / pay no attention / to hurtful words.

17 An honest witness / tells the truth.
    But a dishonest witness / tells lies.

18 Thoughtless words / cut like a sword.
    But the tongue of wise people / brings healing.

19 Truthful words / last forever.
    But lies / last / for only a moment.

NIrV 한글번역

15 미련한 사람의 길이 자기에게는 옳은 것 같아 보인다. 그러나 지혜로운 사람은 조언을 들으리라. 16 미련한 사람들은 쉽게 당황해 한다. 그러나 지혜로운 사람들은 상처를 주는 말에 주의를 기울이지 않으리라. 17 정직한 증인은 진실을 말한다. 그러나 정직하지 못한 증인은 거짓을 말하리라. 18 생각없이 한 말은 칼처럼 베인다. 그러나 지혜로운 사람들의 혀는 치유함을 준다. 19 진실한 말은 영원하다. 그러나 거짓말은 잠시 뿐이다.

개역개정판 성경

15 미련한 자는 자기 행위를 바른 줄로 여기나 지혜로운 자는 권고를 듣느니라 16 미련한 자는 당장 분노를 나타내거니와 슬기로운 자는 수욕을 참느니라 17 진리를 말하는 자는 의를 나타내어도 거짓 증인은 속이는 말을 하느니라 18 칼로 찌름 같이 함부로 말하는 자가 있거니와 지혜로운 자의 혀는 양약과 같으니라 19 진실한 입술은 영원히 보존되거니와 거짓 혀는 잠시 동안만 있을 뿐이니라

■ 영어필사노트

■ 영어낭독실천

▷ 낭독실천가이드

☑ 순서

낭독녹음 저장 → 카페 접속 → 녹음파일 업로드 → 응원댓글달기

☑ Check-Up   ☐ 녹음파일 업로드   ☐ 응원댓글달기

Wise people keep their knowledge to themselves

지혜로운 사람들은 지식을 숨긴다

▷ AI원어민 녹음파일

VOCA CHECK

· harm
  피해, 해
· handle
  다루다, 감당하다
· pleased
  기쁜, 즐거운
· keep ~ to oneself
  ~을 (마음 속에) 숨기다

NIrV 영어원문　　　　　　　　　　　※ /는 낭독을 할 때 의미덩어리 끊어읽기를 하는 곳

20　There are lies / in the hearts / of those who plan evil.
　　But there is joy / for those who work / to bring peace.

21　No harm comes / to godly people.
　　But sinners / have all the trouble / they can handle.

22　The Lord hates / those whose lips / tell lies.
　　But he is pleased / with people / who tell the truth.

23　Wise people / keep their knowledge / to themselves.
　　But the hearts of foolish people / shout foolish things.

NIrV 한글번역

20 악을 계획하는 자들의 마음에는 거짓이 있다. 그러나 평화를 가져오기 위해 일하는 사람들에게는 기쁨이 있다. 21 경건한 사람들에게는 해가 없다. 그러나 악인들은 감당해야 할 모든 고난이 있다. 22 주님은 입술이 거짓말을 하는 자들을 미워하신다. 그러나 진실을 말하는 사람들은 기뻐하신다. 23 지혜로운 사람들은 지식을 숨긴다. 그러나 미련한 사람들의 마음은 어리석은 것을 외친다.

개역개정판 성경

20 악을 꾀하는 자의 마음에는 속임이 있고 화평을 의논하는 자에게는 희락이 있느니라 21 의인에게는 어떤 재앙도 임하지 아니하려니와 악인에게는 앙화가 가득하리라 22 거짓 입술은 여호와께 미움을 받아도 진실하게 행하는 자는 그의 기뻐하심을 받느니라 23 슬기로운 자는 지식을 감추어도 미련한 자의 마음은 미련한 것을 전파하느니라

■ 영어필사노트

■ 영어낭독실천

▷ 낭독실천가이드

☑ 순서

낭독녹음 저장 → 카페 접속 → 녹음파일 업로드 → 응원댓글달기

☑ Check-Up   ☐ **녹음파일 업로드**   ☐ **응원댓글달기**

There is life in doing what is right

의를 행하는 데 생명이 있다

▷ AI원어민 녹음파일

• rule
다스리다

• lazy
게으른

• slave
노예

• cheer up
격려하다

• value
귀하게 여기다

• along that path
그 길을 따르면

NIrV 영어원문　　　　　　　　　　　　　※ /는 낭독을 할 때 의미덩어리 끊어읽기를 하는 곳

24 Hands / that work hard / will rule.
But people who are lazy / will become slaves.

25 Worry / makes a man's heart / heavy.
But a kind word / cheers him up.

26 Godly people / are careful about / the friends they choose.
But the way of sinners / leads them / down the wrong path.

27 Lazy people / do not even cook / what they catch.
But those who work hard / value what they have.

28 There is life / in doing what is right.
Along that path / you will never die.

NIrV 한글번역

²⁴ 열심히 일하는 손은 다스릴 것이다. 그러나 게으른 사람들은 노예가 되리라. ²⁵ 걱정은 사람의 마음을 무겁게 한다. 그러나 친절한 말은 그를 격려하리라. ²⁶ 경건한 사람들은 친구를 고를 때 신중하다. 그러나 악인들의 길은 잘못된 길로 인도하리라. ²⁷ 게으른 사람들은 자기가 잡은 것도 요리하지 않는다. 그러나 열심히 일하는 사람들은 자기가 가진 것을 귀하게 여기리라. ²⁸ 의를 행하는 데 생명이 있다. 그 길을 따르면 너는 결코 죽지 않으리라.

개역개정판 성경

²⁴ 부지런한 자의 손은 사람을 다스리게 되어도 게으른 자는 부림을 받느니라 ²⁵ 근심이 사람의 마음에 있으면 그것으로 번뇌하게 되나 선한 말은 그것을 즐겁게 하느니라 ²⁶ 의인은 그 이웃의 인도자가 되나 악인의 소행은 자신을 미혹하느니라 ²⁷ 게으른 자는 그 잡을 것도 사냥하지 아니하나니 사람의 부귀는 부지런한 것이니라 ²⁸ 공의로운 길에 생명이 있나니 그 길에는 사망이 없느니라

■ 영어필사노트

■ 영어낭독실천

▷ 낭독실천가이드

☑ 순서

낭독녹음 저장 → 카페 접속 → 녹음파일 업로드 → 응원댓글달기

☑ Check-Up   ☐ **녹음파일 업로드**   ☐ **응원댓글달기**

13장

Work hard
and do right

열심히 일하고 의를 행하라

The good things people say benefit them

사람이 하는 좋은 말은 자기에게도 유익이 된다

▷ AI원어민 녹음파일

NIrV 영어원문   ※ /는 낭독을 할 때 의미덩어리 끊어읽기를 하는 곳

1   A wise child / pays attention / to what his father teaches him.
    But anyone who makes fun of others / doesn't listen / to warnings.

2   The good things / people say / benefit them.
    But liars / love to hurt others.

3   Those who guard / what they say / guard their lives.
    But those who speak without thinking / will be destroyed.

4   People / who refuse to work / want things / and get nothing.
    But the desires of people / who work hard / are completely satisfied.

- warning
  경고
- liar
  거짓말쟁이
- hurt
  상처를 주다
- guard
  지키다
- desire
  바람, 갈망
- satisfied
  만족하는, 충족된

NIrV 한글번역

¹ 지혜로운 아이는 아버지가 가르치는 것에 주의를 기울인다. 그러나 남을 비웃는 사람은 경고를 듣지 않는다. ² 사람이 하는 좋은 말은 자기에게도 유익이 된다. 그러나 거짓말쟁이는 남에게 상처주기를 좋아한다. ³ 자기의 말을 지키는 사람은 자기 목숨을 지키는 것이다. 그러나 생각 없이 말하는 사람은 망할 것이다. ⁴ 일하기를 거부하는 사람은 원하는 것이 있어도 얻는 것이 없다. 그러나 열심히 일하는 사람의 바람은 완전히 충족된다.

개역개정판 성경

¹ 지혜로운 아들은 아비의 훈계를 들으나 거만한 자는 꾸지람을 즐겨 듣지 아니하느니라 ² 사람은 입의 열매로 인하여 복록을 누리거니와 마음이 궤사한 자는 강포를 당하느니라 ³ 입을 지키는 자는 자기의 생명을 보전하나 입술을 크게 벌리는 자에게는 멸망이 오느니라 ⁴ 게으른 자는 마음으로 원하여도 얻지 못하나 부지런한 자의 마음은 풍족함을 얻느니라

■ 영어필사노트

■ 영어낭독실천

▷ 낭독실천가이드

☑ 순서

낭독녹음 저장 → 카페 접속 → 녹음파일 업로드 → 응원댓글달기

☑ Check-Up ☐ 녹음파일 업로드 ☐ 응원댓글달기

Doing right guards those who are honest

의를 행하는 것은 정직한 사람들을 보호한다

▷ AI원어민 녹음파일

VOCA CHECK

· false
틀린, 거짓된

· dishonor
불명예

· destroy
멸망시키다

· pretend to be rich
부자인 척 하다

· be blown out
꺼져 버리다

NIrV 영어원문　　　　　　　　　　　　　※ /는 낭독을 할 때 의미덩어리 끊어읽기를 하는 곳

5　Those who do right / hate what is false.
　　But those who do wrong / bring shame / and dishonor.

6　Doing right / guards / those who are honest.
　　But evil destroys / those who are sinful.

7　Some people / pretend to be rich / but have nothing.
　　Others / pretend to be poor / but have great wealth.

8　A person's riches / might save their life.
　　But a poor person / is not / in danger of that.

9　The lights of godly people / shine brightly.
　　But the lamps of sinners / are blown out.

NIrV 한글번역

5 의를 행하는 사람은 거짓된 것을 미워한다. 그러나 악을 행하는 사람은 수치와 불명예를 가져온다. 6 의를 행하는 것은 정직한 사람들을 보호한다. 그러나 악은 죄많은 사람들을 멸망시킨다. 7 어떤 사람은 부자인 척 하지만 아무 것도 가진 것이 없다. 다른 이는 가난한 척 하지만 큰 재산을 갖고 있다. 8 사람의 재물이 그 사람의 목숨을 구할 수도 있다. 그러나 가난한 사람은 그럴 위험이 없다. 9 경건한 사람들의 빛은 밝게 빛난다. 그러나 악인들의 등불은 꺼져 버린다.

개역개정판 성경

5 의인은 거짓말을 미워하나 악인은 행위가 흉악하여 부끄러운 데에 이르느니라 6 공의는 행실이 정직한 자를 보호하고 악은 죄인을 패망하게 하느니라 7 스스로 부한 체하여도 아무 것도 없는 자가 있고 스스로 가난한 체하여도 재물이 많은 자가 있느니라 8 사람의 재물이 자기 생명의 속전일 수 있으나 가난한 자는 협박을 받을 일이 없느니라 9 의인의 빛은 환하게 빛나고 악인의 등불은 꺼지느니라

■ 영어필사노트

■ 영어낭독실천

☑ 순서

낭독녹음 저장 → 카페 접속 → 녹음파일 업로드 → 응원댓글달기

▷ 낭독실천가이드

☑ Check-Up ☐ 녹음파일 업로드 ☐ 응원댓글달기

Where there is arguing, there is pride

다툼이 있는 곳에 교만이 있다

▷ AI원어민 녹음파일

CHECK

- argue
  다투다
- pride
  교만, 자만심
- disappear
  사라지다
- gather
  모으다
- put off
  미루다
- meet a desire
  욕망을 충족하다

NIrV 영어원문   ※ /는 낭독을 할 때 의미덩어리 끊어읽기를 하는 곳

10   Where there is arguing, / there is pride.
     But those who take advice / are wise.

11   Money / gained in the wrong way / disappears.
     But money / gathered little by little / grows.

12   Hope / that is put off / makes one sick / at heart.
     But a desire / that is met / is like a tree of life.

13   Anyone who hates / what he is taught / will pay for it / later.
     But a person / who respects a command / will be rewarded.

NIrV 한글번역

10 다툼이 있는 곳에 교만이 있다. 그러나 충고를 듣는 사람은 지혜롭다. 11 잘못된 방법으로 얻은 돈은 사라진다. 그러나 조금씩 모은 돈은 불어나리라. 12 미뤄진 소망은 사람의 마음을 병들게 한다. 그러나 충족된 욕망은 생명나무 같으리라. 13 가르침 받는 걸 싫어하는 사람은 나중에 대가를 치를 것이다. 그러나 명령을 따르는 사람은 상을 받으리라.

개역개정판 성경

10 교만에서는 다툼만 일어날 뿐이라 권면을 듣는 자는 지혜가 있느니라 11 망령되이 얻은 재물은 줄어가고 손으로 모은 것은 늘어가느니라 12 소망이 더디 이루어지면 그것이 마음을 상하게 하거니와 소원이 이루어지는 것은 곧 생명 나무니라 13 말씀을 멸시하는 자는 자기에게 패망을 이루고 계명을 두려워하는 자는 상을 받느니라

■ 영어필사노트

■ 영어낭독실천

▷ 낭독실천가이드

☑ 순서

낭독녹음 저장 → 카페 접속 → 녹음파일 업로드 → 응원댓글달기

☑ Check-Up ☐ 녹음파일 업로드 ☐ 응원댓글달기

Wise people act with knowledge

지혜로운 사람은 지식을 갖고 행동한다

▷ AI원어민 녹음파일

NIrV 영어원문   ※ /는 낭독을 할 때 의미덩어리 끊어읽기를 하는 곳

14 The teaching of wise people / is like a fountain / that gives life.
   It turns / those who listen to it / away from the jaws of death.

15 Good judgment / wins favor.
   But the way of liars / leads to their ruin.

16 Wise people / act with knowledge.
   But foolish people / show / how foolish they are.

17 An evil messenger / gets into trouble.
   But a trusted messenger / brings healing.

· fountain
  샘
· turn A away from B
  A를 B에서 떠나게 하다
· jaw
  턱, 문턱
· win favor
  은총을 입다
· ruin
  파멸
· knowledge
  지식
· healing
  치유

NIrV 한글번역

14 지혜로운 사람의 가르침은 생명을 주는 샘과 같다. 그것을 듣는 이들을 죽음의 문턱에서 떠나게 하리라. 15 현명한 판단은 은총을 입는다. 그러나 거짓말쟁이의 길은 파멸에 이르게 하리라. 16 지혜로운 사람은 지식을 갖고 행동한다. 그러나 미련한 사람은 자신이 얼마나 미련한지를 드러낸다. 17 악한 사자는 곤경에 빠진다. 그러나 신뢰할 수 있는 사자는 치유를 가져온다.

개역개정판 성경

14 지혜 있는 자의 교훈은 생명의 샘이니 사망의 그물에서 벗어나게 하느니라 15 선한 지혜는 은혜를 베푸나 사악한 자의 길은 험하니라 16 무릇 슬기로운 자는 지식으로 행하거니와 미련한 자는 자기의 미련한 것을 나타내느니라 17 악한 사자는 재앙에 빠져도 충성된 사신은 양약이 되느니라

■ 영어필사노트

■ 영어낭독실천

▷ 낭독실천가이드

☑ 순서

낭독녹음 저장   카페 접속   녹음파일 업로드   응원댓글달기

☑ Check-Up   ☐ 녹음파일 업로드   ☐ 응원댓글달기

Success is the reward of those who do right

성공은 의를 행하는 이들의 보상이다

▷ AI원어민 녹음파일

- turn away from
  떠나다, 외면하다
- ashamed
  수치스러운
- companion
  벗, 친구
- grow wise
  지혜롭게 되다
- suffer harm
  피해를 입다
- chase
  쫓다

NIrV 영어원문   ※ /는 낭독을 할 때 의미덩어리 끊어읽기를 하는 곳

18 Those / who turn away from their training / become poor / and ashamed.
   But those who accept warnings / are honored.

19 A desire that is met / is like something / that tastes sweet.
   But foolish people / hate to turn away / from evil.

20 Anyone / who walks with wise people / grows wise.
   But a companion of foolish people / suffers harm.

21 Hard times chase / those who are sinful.
   But success is the reward / of those who do right.

NIrV 한글번역

¹⁸ 훈련을 외면하는 자들은 가난하고 수치를 당한다. 그러나 경고를 받아들이는 사람들은 영광을 받는다. ¹⁹ 충족된 욕망은 단 맛과 같다. 그러나 미련한 사람은 악에서 떠나기를 싫어한다. ²⁰ 지혜로운 사람과 함께 걷는 이는 지혜롭게 된다. 그러나 미련한 자의 벗은 해를 입는다. ²¹ 고난은 악한 자들을 쫓는다. 그러나 성공은 의를 행하는 이들의 보상이다.

개역개정판 성경

¹⁸ 훈계를 저버리는 자에게는 궁핍과 수욕이 이르거니와 경계를 받는 자는 존영을 받느니라 ¹⁹ 소원을 성취하면 마음에 달아도 미련한 자는 악에서 떠나기를 싫어하느니라 ²⁰ 지혜로운 자와 동행하면 지혜를 얻고 미련한 자와 사귀면 해를 받느니라 ²¹ 재앙은 죄인을 따르고 선한 보응은 의인에게 이르느니라

■ 영어필사노트

■ 영어낭독실천

▷ 낭독실천가이드

☑ 순서

낭독녹음 저장 → 카페 접속 → 녹음파일 업로드 → 응원댓글달기

☑ Check-Up   ☐ 녹음파일 업로드   ☐ 응원댓글달기

Those who don't correct their children hate them

자식을 징계하지 않는 자들은 자식을 미워하는 것이다

▷ AI원어민 녹음파일

VOCA CHECK

· **leave**
남기다
· **own**
소유하다
· **treat ~ badly**
~를 함부로 대하다
· **correct**
교정하다, 징계하다
· **stomach**
배, 위

NIrV 영어원문   ※ /는 낭독을 할 때 의미덩어리 끊어읽기를 하는 곳

22 A good person / leaves what he owns / to his children / and grandchildren.
But a sinner's wealth / is stored up / for those who do right.

23 The fields of poor people / might produce a lot of food.
But those who treat them badly / destroy it all.

24 Those / who don't correct their children / hate them.
But those who love them / are careful / to train them.

25 Those who do right / eat / until they are full.
But the stomachs / of those who do wrong / go hungry.

NIrV 한글번역

22 선한 사람은 자기가 소유한 것을 자식과 손주들에게 남긴다. 그러나 악인의 재물은 의를 행하는 이들을 위해 쌓일 뿐이다. 23 가난한 사람들의 밭도 많은 양식을 생산할 수 있다. 그러나 그들을 함부로 대하는 자들은 그 모든 것을 망가뜨린다. 24 자식을 징계하지 않는 자들은 자식을 미워하는 것이다. 그러나 자식을 사랑하는 이들은 세심하게 그들을 훈련시킨다. 25 의를 행하는 사람은 배부르게 먹는다. 그러나 악을 행하는 자의 배는 굶주린다.

개역개정판 성경

22 선인은 그 산업을 자자 손손에게 끼쳐도 죄인의 재물은 의인을 위하여 쌓이느니라 23 가난한 자는 밭을 경작함으로 양식이 많아지거니와 불의로 말미암아 가산을 탕진하는 자가 있느니라 24 매를 아끼는 자는 그의 자식을 미워함이라 자식을 사랑하는 자는 근실히 징계하느니라 25 의인은 포식하여도 악인의 배는 주리느니라

■ 영어필사노트

_____

_____

_____

_____

_____

_____

_____

_____

_____

_____

_____

_____

_____

_____

_____

_____

_____

_____

_____

■ 영어낭독실천

▷ 낭독실천가이드

☑ 순서

낭독녹음 저장 → 카페 접속 → 녹음파일 업로드 → 응원댓글달기

☑ Check-Up   ☐ 녹음파일 업로드   ☐ 응원댓글달기

14장

Respect
for the Lord

주님을 공경하라

An honest person has respect for the Lord
정직한 사람은 주님을 공경한다

▷ AI원어민 녹음파일

- tear down
  허물다
- crooked
  굽은
- ox
  소(복수형 oxen)
- empty
  텅 빈
- feed box
  사료통
- huge
  많은, 거대한
- pour out
  쏟아 내다

NIrV 영어원문　　　　　　　　　　　　※ /는 낭독을 할 때 의미덩어리 끊어읽기를 하는 곳

1　A wise woman / builds her house.
　　But a foolish woman / tears hers down / with her own hands.

2　An honest person / has respect for the Lord.
　　But a person / whose paths are crooked / hates him.

3　Foolish people are punished / for what they say.
　　But the things / wise people say / keep them safe.

4　Where there are no oxen, / the feed box is empty.
　　But a strong ox / brings in huge harvests.

5　An honest witness / does not lie.
　　But a dishonest witness / pours out lies.

NIrV 한글번역

¹ 지혜로운 여자는 집을 짓는다. 그러나 미련한 여자는 자기 손으로 집을 허문다. ² 정직한 사람은 주님을 공경한다. 그러나 굽은 길을 가는 사람은 그 분을 싫어한다. ³ 미련한 사람은 자기의 말 때문에 벌을 받는다. 그러나 지혜로운 사람의 말은 그를 안전하게 지켜준다. ⁴ 소가 없는 곳은 사료통도 비어 있다. 그러나 튼튼한 소는 많은 수확을 가져온다. ⁵ 정직한 증인은 거짓말을 하지 않는다. 그러나 정직하지 못한 증인은 거짓말을 쏟아낸다.

개역개정판 성경

¹ 지혜로운 여인은 자기 집을 세우되 미련한 여인은 자기 손으로 그것을 허느니라 ² 정직하게 행하는 자는 여호와를 경외하여도 패역하게 행하는 자는 여호와를 경멸하느니라 ³ 미련한 자는 교만하여 입으로 매를 자청하고 지혜로운 자의 입술은 자기를 보전하느니라 ⁴ 소가 없으면 구유는 깨끗하려니와 소의 힘으로 얻는 것이 많으니라 ⁵ 신실한 증인은 거짓말을 아니하여도 거짓 증인은 거짓말을 뱉느니라

■ 영어필사노트

■ 영어낭독실천

▷ 낭독실천가이드

☑ 순서

낭독녹음 저장 → 카페 접속 → 녹음파일 업로드 → 응원댓글달기

☑ Check-Up ☐ 녹음파일 업로드 ☐ 응원댓글달기

Stay away from a foolish person
어리석은 사람을 멀리 하라

▷ AI원어민 녹음파일

VOCA CHECK

- look for
  찾다, 구하다
- trick
  속이다
- laugh at
  비웃다

NIrV 영어원문   ※ /는 낭독을 할 때 의미덩어리 끊어읽기를 하는 곳

6　Those who make fun of others / look for wisdom / and don't find it.
　　But knowledge comes easily / to those / who understand what is
　　right.

7　Stay away / from a foolish person.　You won't find knowledge / in
　　what he says.

8　People are wise / and understanding / when they think about / the
　　way they live.
　　But people are foolish / when their foolish ways / trick them.

9　Foolish people / laugh at making things right / when they sin.
　　But honest people / try to do the right thing.

NIrV 한글번역

6 남을 조롱하는 자들은 지혜를 구하지만 얻지 못한다. 그러나 무엇이 옳은지 아는 사람에게는 지식이 쉽게 찾아 온다. 7 어리석은 사람을 멀리 하라. 그가 말하는 것에서 지식을 찾지 못할 것이다. 8 사람들은 사는 방식을 생각할 때 지혜롭고 깨달음을 얻게 된다. 그러나 어리석은 길에 속아 넘어가면 어리석게 된다. 9 어리석은 사람들은 죄를 지을 때 일을 바로 잡는 것을 비웃는다. 그러나 정직한 사람들은 옳은 일을 하려고 힘쓴다.

개역개정판 성경

6 거만한 자는 지혜를 구하여도 얻지 못하거니와 명철한 자는 지식 얻기가 쉬우니라 7 너는 미련한 자의 앞을 떠나라 그 입술에 지식 있음을 보지 못함이니라 8 슬기로운 자의 지혜는 자기의 길을 아는 것이라도 미련한 자의 어리석음은 속이는 것이니라 9 미련한 자는 죄를 심상히 여겨도 정직한 자 중에는 은혜가 있느니라

■ 영어필사노트

■ 영어낭독실천

☑ 순서

낭독녹음 저장 → 카페 접속 → 녹음파일 업로드 → 응원댓글달기

☑ Check-Up   ☐ 녹음파일 업로드   ☐ 응원댓글달기

▷ 낭독실천가이드

No one else can share its joy

기쁨은 어느 누구와도 나눌 수 없다

▷ AI원어민 녹음파일

VOCA CHECK

· sadness
  슬픔
· share one's joy
  기쁨을 나누다
· hurting
  아픈
· end in ~
  ~로 끝나다
· be paid back
  대가를 치르다
· receive rewards
  보상을 받다

NIrV 영어원문   ※ /는 낭독을 할 때 의미덩어리 끊어읽기를 하는 곳

10 Each heart / knows its own sadness.
    And no one else / can share its joy.

11 The houses of sinners / will be destroyed.
    But the tents of honest people / will stand firm.

12 There is a way / that may seem right / to a man.
    But in the end / it leads to death.

13 Even when you laugh, / your heart / can be hurting.
    And your joy / can end in sadness.

14 Those who aren't faithful / will be paid back / for what they've done.
    And good men / will receive rewards / for how they've lived.

NIrV 한글번역

10 각자 마음은 자신의 슬픔을 알고 있다. 그리고 기쁨은 어느 누구와도 나눌 수 없다. 11 악인들의 집은 멸망할 것이다. 그러나 정직한 사람들의 장막은 굳게 설 것이다. 12 사람이 보기에 옳은 길이 있다. 그러나 결국 죽음에 이르게 된다. 13 웃어도 마음이 아플 수 있다. 그리고 너의 기쁨은 슬픔으로 끝날 수 있다. 14 신실하지 못한 자들은 그들이 한 일로 대가를 치를 것이다. 그리고 선한 사람들은 그들이 어떻게 살았는지에 대한 보상을 받을 것이다.

개역개정판 성경

10 마음의 고통은 자기가 알고 마음의 즐거움은 타인이 참여하지 못하느니라 11 악한 자의 집은 망하겠고 정직한 자의 장막은 흥하리라 12 어떤 길은 사람이 보기에 바르나 필경은 사망의 길이니라 13 웃을 때에도 마음에 슬픔이 있고 즐거움의 끝에도 근심이 있느니라 14 마음이 굽은 자는 자기 행위로 보응이 가득하겠고 선한 사람도 자기의 행위로 그러하리라

■ 영어필사노트

■ 영어낭독실천

☑ 순서

낭독녹음 저장 → 카페 접속 → 녹음파일 업로드 → 응원댓글달기

☑ Check-Up   ☐ 녹음파일 업로드   ☐ 응원댓글달기

A wise person thinks about how he lives

지혜로운 사람은 어떻게 살지를 생각한다

▷ AI원어민 녹음파일

VOCA CHECK

- **childish**
  아이같은, 철 없는
- **avoid**
  피하다
- **get mad**
  화를 내다
- **thoughtless**
  생각이 없는
- **tricky**
  교활한
- **in keeping with ~**
  ~에 따라

NIrV 영어원문   ※ /는 낭독을 할 때 의미덩어리 끊어읽기를 하는 곳

15 A childish person / believes anything.
But a wise person / thinks about / how he lives.

16 A wise person / has respect for the Lord / and avoids evil.
But a foolish person / gets mad / and is thoughtless.

17 Anyone / who gets angry quickly / does foolish things.
And a person / who is tricky / is hated.

18 Childish people act / in keeping with / their foolish ways.
But knowledge / makes wise people / feel like kings.

NIrV 한글번역

15 철 없는 사람은 무엇이든 믿는다. 그러나 지혜로운 사람은 어떻게 살지를 생각한다.
16 지혜로운 사람은 주님을 공경하고 악을 피한다. 그러나 어리석은 사람은 화를 내며 아무 생각이 없다. 17 화를 빨리 내는 사람은 어리석은 일을 한다. 그리고 교활한 사람은 미움을 받는다. 18 철 없는 사람은 어리석은 길을 따라 행동한다. 그러나 지식은 지혜로운 사람을 왕처럼 느끼게 한다.

개역개정판 성경

15 어리석은 자는 온갖 말을 믿으나 슬기로운 자는 자기의 행동을 삼가느니라 16 지혜로운 자는 두려워하여 악을 떠나나 어리석은 자는 방자하여 스스로 믿느니라 17 노하기를 속히 하는 자는 어리석은 일을 행하고 악한 계교를 꾀하는 자는 미움을 받느니라 18 어리석은 자는 어리석음으로 기업을 삼아도 슬기로운 자는 지식으로 면류관을 삼느니라

■ 영어필사노트

■ 영어낭독실천

▷ 낭독실천가이드

☑ 순서

낭독녹음 저장 → 카페 접속 → 녹음파일 업로드 → 응원댓글달기

☑ Check-Up ☐ **녹음파일 업로드** ☐ **응원댓글달기**

All hard work pays off

모든 노력은 결실을 맺는다

▷ AI원어민 녹음파일

VOCA CHECK

· bow down
  굽히다, 무릎 꿇다
· neighbor
  이웃
· hate
  미워하다
· in need
  궁핍한
· hard work
  열심히 일함, 노력
· pay off
  성과를 내다, 결실을 맺다

NIrV 영어원문   ※ /는 낭독을 할 때 의미덩어리 끊어읽기를 하는 곳

19 Evil people will bow down / in front of good people.
    And those who do wrong / will bow down / at the gates / of those
    who do right.

20 Poor people are avoided / even by their neighbors.
    But rich people / have many friends.

21 It is a sin / to hate your neighbor.
    But blessed / is the person who is kind / to those in need.

22 Those who plan evil / go down the wrong path.
    But those who plan good / find love / and truth.

23 All hard work / pays off.
    But if all you do / is talk, / you will be poor.

NIrV 한글번역

¹⁹ 악한 사람은 선한 사람 앞에 무릎을 꿇는다. 그리고 악을 행하는 자는 의를 행하는
사람의 문에서 무릎을 꿇는다. ²⁰ 가난한 사람은 이웃도 피한다. 그러나 부자는 친구가
많다. ²¹ 이웃을 미워하는 것은 죄이다. 그러나 궁핍한 이들에게 친절을 베푸는 사람은
복되도다. ²² 악을 꾀하는 자는 그릇된 길로 간다. 그러나 선을 계획하는 사람은 사랑과
진리를 찾으리라. ²³ 모든 노력은 결실을 맺는다. 그러나 말만 하면 가난해질 것이다.

개역개정판 성경

¹⁹ 악인은 선인 앞에 엎드리고 불의한 자는 의인의 문에 엎드리느니라 ²⁰ 가난한 자는
이웃에게도 미움을 받게 되나 부요한 자는 친구가 많으니라 ²¹ 이웃을 업신여기는 자
는 죄를 범하는 자요 빈곤한 자를 불쌍히 여기는 자는 복이 있는 자니라 ²² 악을 도모
하는 자는 잘못 가는 것이 아니냐 선을 도모하는 자에게는 인자와 진리가 있으리라
²³ 모든 수고에는 이익이 있어도 입술의 말은 궁핍을 이룰 뿐이니라

■ 영어필사노트

■ 영어낭독실천

☑ 순서

낭독녹음 저장 → 카페 접속 → 녹음파일 업로드 → 응원댓글달기

▷ 낭독실천가이드

☑ Check-Up ☐ **녹음파일 업로드** ☐ **응원댓글달기**

An honest witness saves lives

정직한 증인은 생명을 구한다

▷ AI원어민 녹음파일

· **crown**
  왕관, 면류관
· **save**
  구하다
· **dishonest witness**
  정직하지 못한 증인
· **turn A away from B**
  A를 B에서 멀어지게 하다

NIrV 영어원문   ※ /는 낭독을 할 때 의미덩어리 끊어읽기를 하는 곳

24 The wealth of wise people / is their crown.
   But the foolish ways / of foolish people / lead to / what is foolish.

25 An honest witness / saves lives.
   But a dishonest witness / tells lies.

26 Anyone / who shows respect for the Lord / has a strong tower.
   It will be a safe place / for their children.

27 Respect for the Lord / is like a fountain / that gives life.
   It turns you away / from the jaws of death.

NIrV 한글번역

²⁴ 지혜로운 사람의 재산은 그의 면류관이다. 그러나 어리석은 사람의 어리석은 길은 어리석은 일에 이르게 한다. ²⁵ 정직한 증인은 생명을 구한다. 그러나 정직하지 못한 증인은 거짓말을 한다. ²⁶ 주님을 공경하는 사람은 튼튼한 탑을 가지고 있다. 자녀들에게 안전한 곳이 될 것이다. ²⁷ 주님을 공경하는 것은 생명을 주는 샘과 같다. 죽음의 문턱에서 너를 멀어지게 하리라.

개역개정판 성경

²⁴ 지혜로운 자의 재물은 그의 면류관이요 미련한 자의 소유는 다만 미련한 것이니라 ²⁵ 진실한 증인은 사람의 생명을 구원하여도 거짓말을 뱉는 사람은 속이느니라 ²⁶ 여호와를 경외하는 자에게는 견고한 의뢰가 있나니 그 자녀들에게 피난처가 있으리라 ²⁷ 여호와를 경외하는 것은 생명의 샘이니 사망의 그물에서 벗어나게 하느니라

■ 영어필사노트

■ 영어낭독실천

▷ 낭독실천가이드

☑ 순서

낭독녹음 저장 → 카페 접속 → 녹음파일 업로드 → 응원댓글달기

☑ Check-Up ☐ **녹음파일 업로드** ☐ **응원댓글달기**

Jealousy rots the bones

질투는 뼈를 썩게 한다

▷ AI원어민 녹음파일

VOCA CHECK

· population
  인구
· glory
  영광
· patient
  인내하는
· peaceful
  평화로운
· jealousy
  질투
· rot the bones
  뼈를 썩게 하다
· crush
  짓밟다

NIrV 영어원문   ※ /는 낭독을 할 때 의미덩어리 끊어읽기를 하는 곳

28 A large population / is a king's glory.
    But a prince without followers / is destroyed.

29 Anyone who is patient / has great understanding.
    But anyone / who gets angry quickly / shows / how foolish he is.

30 A peaceful heart / gives life / to the body.
    But jealousy / rots the bones.

31 Anyone / who crushes poor people / makes fun of their Maker.
    But anyone who is kind / to those in need / honors God.

NIrV 한글번역

²⁸ 많은 인구는 왕의 영광이다. 그러나 따르는 이들이 없는 군주는 멸망하리라. ²⁹ 인내하는 사람은 커다란 깨달음을 얻는다. 그러나 급히 화를 내는 사람은 그가 얼마나 어리석은 지를 드러낸다. ³⁰ 평화로운 마음은 몸에 생명을 준다. 그러나 질투는 뼈를 썩게 한다. ³¹ 가난한 사람들을 짓밟는 자는 그들을 만드신 분을 조롱한다. 그러나 궁핍한 이들에게 친절을 베푸는 사람은 하나님을 공경한다.

개역개정판 성경

²⁸ 백성이 많은 것은 왕의 영광이요 백성이 적은 것은 주권자의 패망이니라 ²⁹ 노하기를 더디 하는 자는 크게 명철하여도 마음이 조급한 자는 어리석음을 나타내느니라 ³⁰ 평온한 마음은 육신의 생명이나 시기는 뼈를 썩게 하느니라 ³¹ 가난한 사람을 학대하는 자는 그를 지으신 이를 멸시하는 자요 궁핍한 사람을 불쌍히 여기는 자는 주를 공경하는 자니라

■ 영어필사노트

■ 영어낭독실천

▷ 낭독실천가이드

☑ 순서

낭독녹음 저장 → 카페 접속 → 녹음파일 업로드 → 응원댓글달기

☑ Check-Up ☐ 녹음파일 업로드 ☐ 응원댓글달기

Doing what is right lifts people up

옳은 일을 하는 것은 사람들을 들어 올린다

▷ AI원어민 녹음파일

· be brought down
  넘어지다
· rest in ~
  ~에 있다
· lift up
  들어 올리다
· make oneself known
  자신을 알리다
· invite anger
  분노를 불러일으키다

NIrV 영어원문　　　　　　　　　　　※ /는 낭독을 할 때 의미덩어리 끊어읽기를 하는 곳

32　When trouble comes, / sinners / are brought down.
　　　But godly people / have a safe place / even when they die.

33　Wisdom rests in the hearts / of those who understand / what is right.
　　　And / even among foolish people / she makes / herself known.

34　Doing what is right / lifts people up.
　　　But sin brings judgment / to any nation.

35　A king is pleased / with a wise servant.
　　　But a servant / who is full of shame / invites the king's anger.

NIrV 한글번역

³² 환난이 오면 악인들은 넘어진다. 그러나 경건한 사람들은 죽어도 안전한 곳이 있다. ³³ 지혜는 무엇이 옳은 지 깨닫는 사람들의 마음에 있다. 그리고 어리석은 사람들 사이에서도 그녀(지혜)는 자신을 알린다. ³⁴ 옳은 일을 하는 것은 사람들을 들어 올린다. 그러나 죄는 모든 민족에게 심판을 가져오리라. ³⁵ 왕은 지혜로운 신하를 기뻐한다. 그러나 부끄러움이 가득한 신하는 왕의 분노를 불러일으킨다.

개역개정판 성경

³² 악인은 그의 환난에 엎드러져도 의인은 그의 죽음에도 소망이 있느니라 ³³ 지혜는 명철한 자의 마음에 머물거니와 미련한 자의 속에 있는 것은 나타나느니라 ³⁴ 공의는 나라를 영화롭게 하고 죄는 백성을 욕되게 하느니라 ³⁵ 슬기롭게 행하는 신하는 왕에게 은총을 입고 욕을 끼치는 신하는 그의 진노를 당하느니라

■ 영어필사노트

■ 영어낭독실천

▷ 낭독실천가이드

☑ 순서

낭독녹음 저장 → 카페 접속 → 녹음파일 업로드 → 응원댓글달기

☑ Check-Up ☐ 녹음파일 업로드 ☐ 응원댓글달기

15장

The Lord sees everything

주님께서 모든 걸 보고 계신다

The eyes of the Lord are everywhere
주님의 눈은 어디에나 있다

▷ AI원어민 녹음파일

- gentle
  부드러운
- mean
  못된, 심술궂은
- stir up anger
  분노를 불러일으키다
- pour out
  쏟아 내다
- broken spirit
  상한 마음

NIrV 영어원문 ※ /는 낭독을 할 때 의미덩어리 끊어읽기를 하는 곳

1   A gentle answer / turns anger away.
    But mean words / stir up anger.

2   The tongues of wise people / use knowledge well.
    But the mouths of foolish people / pour out foolish words.

3   The eyes of the Lord / are everywhere.
    They watch / those who are evil / and those / who are good.

4   A tongue / that brings healing / is like a tree of life.
    But a tongue that tells lies / produces a broken spirit.

NIrV 한글번역

¹ 부드러운 대답은 화를 떠나가게 한다. 그러나 심술궂은 말은 분노를 불러일으킨다. ² 지혜로운 사람의 혀는 지식을 잘 사용한다. 그러나 어리석은 사람의 입은 어리석은 말을 쏟아 낸다. ³ 주님의 눈은 어디에나 있다. 악한 자와 선한 이들을 살피신다. ⁴ 치유하는 혀는 생명나무와 같다. 그러나 거짓을 말하는 혀는 상한 마음을 낳는다.

개역개정판 성경

¹ 유순한 대답은 분노를 쉬게 하여도 과격한 말은 노를 격동하느니라 ² 지혜 있는 자의 혀는 지식을 선히 베풀고 미련한 자의 입은 미련한 것을 쏟느니라 ³ 여호와의 눈은 어디서든지 악인과 선인을 감찰하시느니라 ⁴ 온순한 혀는 곧 생명 나무이지만 패역한 혀는 마음을 상하게 하느니라

■ **영어필사노트**

■ **영어낭독실천**

▷ 낭독실천가이드

☑ 순서

낭독녹음 저장   카페 접속   녹음파일 업로드   응원댓글달기

☑ Check-Up   ☐ **녹음파일 업로드**   ☐ **응원댓글달기**

The lips of wise people spread knowledge
지혜로운 사람의 입술은 지식을 퍼뜨린다

▷ AI원어민 녹음파일

VOCA CHECK

· turn one's back on ~
~에 등을 돌리다
· spread knowledge
지식을 퍼뜨리다
· sacrifice
희생, 제사
· prayer
기도
· run after
쫓다

NIrV 영어원문
※ /는 낭독을 할 때 의미덩어리 끊어읽기를 하는 곳

5   A foolish person / turns his back / on how his father has trained him.
    But anyone who accepts correction / shows understanding.

6   The houses / of those who do what is right / hold great wealth.
    But those who do what is wrong / earn only trouble.

7   The lips of wise people / spread knowledge.
    But that's not true / of the hearts of foolish people.

8   The Lord hates / the sacrifice of sinful people.
    But the prayers of honest people / please him.

9   The Lord hates / how sinners live.
    But he loves / those who run after / what is right.

NIrV 한글번역

5 어리석은 사람은 아버지의 훈육에 등을 돌린다. 그러나 교정을 받아들이는 사람은 깨달음을 나타낸다. 6 옳은 것을 행하는 사람들의 집에는 큰 재물이 있다. 그러나 악한 것을 행하는 자들은 고난만 받을 뿐이다. 7 지혜로운 사람의 입술은 지식을 퍼뜨린다. 그러나 어리석은 사람의 마음은 그렇지 않다. 8 주님은 악한 사람의 제사를 미워하신다. 그러나 정직한 사람의 기도는 그 분을 기쁘게 한다. 9 주님은 악인의 생활 방식을 미워하신다. 그러나 옳은 것을 쫓는 사람은 사랑하신다.

개역개정판 성경

5 아비의 훈계를 업신여기는 자는 미련한 자요 경계를 받는 자는 슬기를 얻을 자니라 6 의인의 집에는 많은 보물이 있어도 악인의 소득은 고통이 되느니라 7 지혜로운 자의 입술은 지식을 전파하여도 미련한 자의 마음은 정함이 없느니라 8 악인의 제사는 여호와께서 미워하셔도 정직한 자의 기도는 그가 기뻐하시느니라 9 악인의 길은 여호와께서 미워하셔도 공의를 따라가는 자는 그가 사랑하시느니라

■ 영어필사노트

■ 영어낭독실천

▷ 낭독실천가이드

☑ 순서

낭독녹음 저장 → 카페 접속 → 녹음파일 업로드 → 응원댓글달기

☑ Check-Up ☐ 녹음파일 업로드 ☐ 응원댓글달기

A happy heart makes a face look cheerful
행복한 마음은 얼굴에 생기가 돌게 한다

▷ AI원어민 녹음파일

VOCA CHECK

· in store
  예비된, 닥치려 하는
· Death and the Grave
  죽음과 무덤
· lie open
  드러나다
· cheerful
  유쾌한, 생기가 도는

NIrV 영어원문   ※ /는 낭독을 할 때 의미덩어리 끊어읽기를 하는 곳

10 Hard training is in store / for anyone / who leaves the right path.
     A person / who hates to be corrected / will die.

11 Death and the Grave / lie open / in front of the Lord.
     So human hearts / certainly / lie open to him!

12 Anyone / who makes fun of others / doesn't like to be corrected.
     He won't ask wise people / for advice.

13 A happy heart / makes a face / look cheerful.
     But a sad heart / produces a broken spirit.

NIrV 한글번역

¹⁰ 올바른 길을 떠난 사람에게는 힘든 훈련이 예비돼 있다. 교정 받는 걸 싫어하는 사람은 죽으리라. ¹¹ 죽음도 무덤도 주님 앞에 드러난다. 그러므로 인간의 마음도 분명히 그 분께 드러난다! ¹² 남을 비웃는 사람은 교정 받는 걸 싫어한다. 지혜로운 사람에게 조언을 구하지도 않으리라. ¹³ 행복한 마음은 얼굴에 생기가 돌게 한다. 그러나 슬픈 마음은 상한 마음을 낳으리라.

개역개정판 성경

¹⁰ 도를 배반하는 자는 엄한 징계를 받을 것이요 견책을 싫어하는 자는 죽을 것이니라 ¹¹ 스올과 아바돈도 여호와의 앞에 드러나거든 하물며 사람의 마음이리요 ¹² 거만한 자는 견책 받기를 좋아하지 아니하며 지혜 있는 자에게로 가지도 아니하느니라 ¹³ 마음의 즐거움은 얼굴을 빛나게 하여도 마음의 근심은 심령을 상하게 하느니라

■ 영어필사노트

■ 영어낭독실천

☑ 순서

낭독녹음 저장 → 카페 접속 → 녹음파일 업로드 → 응원댓글달기

▷ 낭독실천가이드

☑ Check-Up □ 녹음파일 업로드 □ 응원댓글달기

A cheerful heart enjoys a good time

유쾌한 마음은 즐거운 시간을 누리리라

▷ AI원어민 녹음파일

feed on ~
~을 먹고 살다

crushed
짓밟힌

pain and suffering
고통과 괴로움

meal of vegetables
채소 식사

meat
고기

hatred
미움, 증오

NIrV 영어원문　　　　　　　　　　　　　　　※ /는 낭독을 할 때 의미덩어리 끊어읽기를 하는 곳

14　A heart / that understands what is right / looks for knowledge.
　　But the mouths of foolish people / feed on / what is foolish.

15　All the days / of those who are crushed / are filled with pain / and suffering.
　　But a cheerful heart / enjoys a good time / that never ends.

16　It is better / to have respect for the Lord / and have little / than to be rich / and have trouble.

17　A meal of vegetables / where there is love / is better / than the finest meat / where there is hatred.

NIrV 한글번역

14 무엇이 옳은지 깨닫는 마음은 지식을 구한다. 그러나 어리석은 자의 입은 미련한 것을 먹으리라. 15 마음이 짓밟힌 자의 모든 날은 고통과 괴로움이 가득하다. 그러나 유쾌한 마음은 끝 없는 즐거운 시간을 누리리라. 16 주님을 공경하고 적게 소유하는 것이 부자가 되어 고난을 당하는 것보다 낫다. 17 사랑이 있는 채소 식사 한 끼가 미움이 있는 가장 좋은 고기보다 낫다.

개역개정판 성경

14 명철한 자의 마음은 지식을 요구하고 미련한 자의 입은 미련한 것을 즐기느니라 15 고난 받는 자는 그 날이 다 험악하나 마음이 즐거운 자는 항상 잔치하느니라 16 가산이 적어도 여호와를 경외하는 것이 크게 부하고 번뇌하는 것보다 나으니라 17 채소를 먹으며 서로 사랑하는 것이 살진 소를 먹으며 서로 미워하는 것보다 나으니라

■ 영어필사노트

■ 영어낭독실천

▷ 낭독실천가이드

☑ 순서

낭독녹음 저장 → 카페 접속 → 녹음파일 업로드 → 응원댓글달기

☑ Check-Up   ☐ **녹음파일 업로드**   ☐ **응원댓글달기**

A person with patience calms things down

참는 사람은 모든 것을 가라앉힌다

▷ AI원어민 녹음파일

VOCA CHECK

- with a bad temper
  화를 잘 내는
- patient
  참는
- calm down
  가라앉히다
- block
  막다
- thorn
  가시
- walk straight ahead
  똑바로 걸어가다

NIrV 영어원문   ※ /는 낭독을 할 때 의미덩어리 끊어읽기를 하는 곳

18 A person with a bad temper / stirs up fights.
   But a person who is patient / calms things down.

19 The way of people / who don't want to work / is blocked with thorns.
   But the path of honest people / is a wide road.

20 A wise son / makes his father / glad.
   But a foolish son / hates his mother.

21 A person who has no sense / enjoys / doing foolish things.
   But a person who has understanding / walks straight ahead.

NIrV 한글번역

18 화를 잘 내는 사람은 싸움을 부추긴다. 그러나 참는 사람은 모든 것을 가라앉힌다. 19 일하기를 싫어하는 사람의 길은 가시로 막혀 있다. 그러나 정직한 사람의 길은 넓은 도로이다. 20 지혜로운 아들은 아버지를 기쁘게 한다. 그러나 미련한 아들은 어머니를 미워한다. 21 분별함이 없는 사람은 어리석은 일을 하는 걸 즐긴다. 그러나 깨달음이 있는 사람은 똑바로 걸으리라.

개역개정판 성경

18 분을 쉽게 내는 자는 다툼을 일으켜도 노하기를 더디 하는 자는 시비를 그치게 하느니라 19 게으른 자의 길은 가시 울타리 같으나 정직한 자의 길은 대로니라 20 지혜로운 아들은 아비를 즐겁게 하여도 미련한 자는 어미를 업신여기느니라 21 무지한 자는 미련한 것을 즐겨 하여도 명철한 자는 그 길을 바르게 하느니라

■ 영어필사노트

■ 영어낭독실천

☑ 순서

낭독녹음 저장 → 카페 접속 → 녹음파일 업로드 → 응원댓글달기

☑ Check-Up   ☐ 녹음파일 업로드   ☐ 응원댓글달기

Plans fail without good advice
좋은 조언이 없이는 계획이 실패한다

▷ AI원어민 녹음파일

VOCA CHECK

· fail
  실패하다
· succeed
  성공하다
· joy
  기쁨
· keep A from -ing
  A가 –하지 않게 하다
· tear down
  허물다
· property
  재산

NIrV 영어원문   ※ /는 낭독을 할 때 의미덩어리 끊어읽기를 하는 곳

22 Plans fail / without good advice.
    But they succeed / when there are many advisers.

23 Joy is found / in giving the right answer.
    And how good is a word / spoken at the right time!

24 The path of life / leads up / for those who are wise.
    It keeps them / from going down to the grave.

25 The Lord tears down / the proud person's house.
    But he keeps / the widow's property safe.

NIrV 한글번역

22 좋은 조언이 없이는 계획이 실패한다. 그러나 조언하는 사람이 많으면 성공하리라.
23 올바른 답을 하면 기쁨이 있다. 그리고 적절한 때에 하는 말은 얼마나 좋은가! 24 생명의 길이 지혜로운 사람을 인도한다. 무덤으로 내려가지 않게 하리라. 25 주님은 교만한 사람의 집을 허무신다. 그러나 과부의 재산은 안전하게 지켜주시리라.

개역개정판 성경

22 의논이 없으면 경영이 무너지고 지략이 많으면 경영이 성립하느니라 23 사람은 그 입의 대답으로 말미암아 기쁨을 얻나니 때에 맞는 말이 얼마나 아름다운고 24 지혜로운 자는 위로 향한 생명 길로 말미암음으로 그 아래에 있는 스올을 떠나게 되느니라 25 여호와는 교만한 자의 집을 허시며 과부의 지계를 정하시느니라

■ 영어필사노트

■ 영어낭독실천

▷ 낭독실천가이드

☑ 순서

낭독녹음 저장 → 카페 접속 → 녹음파일 업로드 → 응원댓글달기

☑ Check-Up   ☐ 녹음파일 업로드   ☐ 응원댓글달기

The Lord hears the prayers of those who do right

주님께서는 의를 행하는 이들의 기도를 들으신다

▷ AI원어민 녹음파일

- sinful
  죄많은, 악한
- pure
  순결한
- be paid off
  부당한 대가를 받다
- pour out evil
  악을 퍼붓다

NIrV 영어원문   ※ /는 낭독을 할 때 의미덩어리 끊어읽기를 하는 곳

26 The Lord hates / the thoughts of sinful people.
   But the thoughts of pure people / are pleasing to him.

27 Anyone who always wants more / brings trouble / to his family.
   But a person / who refuses to be paid off / will live.

28 The hearts / of those who do right / think about / how they will answer.
   But the mouths / of those who do wrong / pour out evil.

29 The Lord is far away / from those who do wrong.
   But he hears the prayers / of those who do right.

NIrV 한글번역

26 주님은 악인들의 생각을 미워하신다. 그러나 순결한 사람들의 생각은 그 분을 기쁘게 하리라. 27 항상 더 많은 것을 원하는 사람은 자기 가족을 괴롭히는 것이다. 그러나 부당한 대가 받기를 거부하는 사람은 살리라. 28 의를 행하는 사람의 마음은 어떻게 대답할지 생각한다. 그러나 악을 행하는 자의 입은 악을 퍼붓느니라. 29 주님은 악을 행하는 자들을 멀리 하신다. 그러나 의를 행하는 이들의 기도는 들으신다.

개역개정판 성경

26 악한 꾀는 여호와께서 미워하시나 선한 말은 정결하니라 27 이익을 탐하는 자는 자기 집을 해롭게 하나 뇌물을 싫어하는 자는 살게 되느니라 28 의인의 마음은 대답할 말을 깊이 생각하여도 악인의 입은 악을 쏟느니라 29 여호와는 악인을 멀리 하시고 의인의 기도를 들으시느니라

■ 영어필사노트

■ 영어낭독실천

▷ 낭독실천가이드

☑ 순서

낭독녹음 저장 → 카페 접속 → 녹음파일 업로드 → 응원댓글달기

☑ Check-Up   ☐ 녹음파일 업로드   ☐ 응원댓글달기

Don't be proud if you want to be honored

존경 받고 싶다면 자랑하지 말라

▷ AI원어민 녹음파일

VOCA CHECK

· cheerful look
  활기찬 표정
· be at home
  거하다
· gain
  얻다
· honor
  존경하다

NIrV 영어원문 ※ /는 낭독을 할 때 의미덩어리 끊어읽기를 하는 곳

30 A cheerful look / brings joy / to your heart.
   And good news / gives health / to your body.

31 If you listen to a warning, / you will live.
   You will be at home / among those / who are wise.

32 Anyone / who turns away from correction / hates himself.
   But anyone who accepts correction / gains understanding.

33 Having respect for the Lord / teaches you / how to live wisely.
   So don't be proud / if you want to be honored.

NIrV 한글번역

30 활기찬 표정은 마음을 즐겁게 한다. 그리고 좋은 소식은 몸에 건강을 준다. 31 경고를 잘 들으면 살 것이다. 지혜로운 사람들 사이에 거하리라. 32 교정을 외면하는 사람은 자기를 미워하는 것이다. 그러나 교정을 받아들이는 사람은 깨달음을 얻으리라. 33 주님을 공경하는 것은 지혜롭게 사는 법을 가르쳐준다. 그러므로 존경 받고 싶다면 자랑하지 말라.

개역개정판 성경

30 눈이 밝은 것은 마음을 기쁘게 하고 좋은 기별은 뼈를 윤택하게 하느니라 31 생명의 경계를 듣는 귀는 지혜로운 자 가운데에 있느니라 32 훈계 받기를 싫어하는 자는 자기의 영혼을 경히 여김이라 견책을 달게 받는 자는 지식을 얻느니라 33 여호와를 경외하는 것은 지혜의 훈계라 겸손은 존귀의 길잡이니라

■ 영어필사노트

■ 영어낭독실천

▷ 낭독실천가이드

☑ 순서

낭독녹음 저장 → 카페 접속 → 녹음파일 업로드 → 응원댓글달기

☑ Check-Up　　☐ **녹음파일 업로드**　　☐ **응원댓글달기**

16장

Control
your temper

성내지 말고 참아라

The Lord controls what people say

주님께서 사람들의 말을 다스리신다

▷ AI원어민 녹음파일

VOCA CHECK

· commit to ~
  ~에 맡기다
· the Lord
  주님
· work everything out
  모든 일을 행하다
· purpose
  목적, 뜻

NIrV 영어원문   ※ /는 낭독을 할 때 의미덩어리 끊어읽기를 하는 곳

1 People make plans / in their hearts.
   But the Lord controls / what they say.

2 Everything / a man does / might seem right to him.
   But the Lord knows / what that man is thinking.

3 Commit to the Lord / everything you do.
   Then / your plans will succeed.

4 The Lord works everything out / for his own purposes.
   Even those who do wrong / were made / for a day of trouble.

NIrV 한글번역

¹ 사람들이 마음으로 계획을 세운다. 그러나 주님께서 그들의 말을 다스리신다. ² 사람이 하는 모든 일이 그에게는 옳게 보일 수 있다. 그러나 주님께서는 그 사람의 생각을 아신다. ³ 네가 하는 모든 일을 주님께 맡겨라. 그러면 네 계획이 성공하리라. ⁴ 주님은 모든 일을 자기 뜻대로 행하신다. 악을 행하는 자들도 환난의 날을 위하여 지음을 받았다.

개역개정판 성경

¹ 마음의 경영은 사람에게 있어도 말의 응답은 여호와께로부터 나오느니라 ² 사람의 행위가 자기 보기에는 모두 깨끗하여도 여호와는 심령을 감찰하시느니라 ³ 너의 행사를 여호와께 맡기라 그리하면 네가 경영하는 것이 이루어지리라 ⁴ 여호와께서 온갖 것을 그 쓰임에 적당하게 지으셨나니 악인도 악한 날에 적당하게 하셨느니라

■ 영어필사노트

■ 영어낭독실천

▷ 낭독실천가이드

☑ 순서

낭독녹음 저장 → 카페 접속 → 녹음파일 업로드 → 응원댓글달기

☑ Check-Up ☐ 녹음파일 업로드 ☐ 응원댓글달기

The Lord decides where your steps will take you
네 발걸음이 너를 어디로 데리고 갈지는 주님께서 결정하신다

▷ AI원어민 녹음파일

NIrV 영어원문

※ /는 낭독을 할 때 의미덩어리 끊어읽기를 하는 곳

5   The Lord hates / all those / who have proud hearts.
    You can be sure / that / they will be punished.

6   Through love and truth / sin is paid for.
    People avoid evil / when they have respect / for the Lord.

7   When the way you live / pleases the Lord, / he makes even your
    enemies / live at peace with you.

8   It is better / to have a little / and do right / than to have a lot / and
    be unfair.

9   In your heart / you plan your life.
    But the Lord decides / where your steps will take you.

VOCA CHECK

· pay for
  값을 치르다
· please
  기쁘게 하다
· enemy
  적, 원수
· unfair
  공평하지 않은
· decide
  결정하다
· take
  데리고 가다

NIrV 한글번역

⁵ 주님은 마음이 교만한 자들을 다 미워하신다. 그들이 벌을 받으리라는 것을 확실히 알리라. ⁶ 사랑과 진리를 통해 죄 값이 치러진다. 사람은 주님을 공경할 때 악을 피한다. ⁷ 네가 사는 길이 주님을 기쁘시게 하면, 그 분은 네 원수조차도 너와 함께 평화롭게 살게 하신다. ⁸ 적게 가지고 의를 행하는 것이 많이 갖고 공평하지 않은 것보다 낫다. ⁹ 마음으로 너의 삶을 계획한다. 그러나 네 발걸음이 너를 어디로 데리고 갈지는 주님께서 결정하신다.

개역개정판 성경

⁵ 무릇 마음이 교만한 자를 여호와께서 미워하시나니 피차 손을 잡을지라도 벌을 면하지 못하리라 ⁶ 인자와 진리로 인하여 죄악이 속하게 되고 여호와를 경외함으로 말미암아 악에서 떠나게 되느니라 ⁷ 사람의 행위가 여호와를 기쁘시게 하면 그 사람의 원수라도 그와 더불어 화목하게 하시느니라 ⁸ 적은 소득이 공의를 겸하면 많은 소득이 불의를 겸한 것보다 나으니라 ⁹ 사람이 마음으로 자기의 길을 계획할지라도 그의 걸음을 인도하시는 이는 여호와시니라

■ 영어필사노트

■ 영어낭독실천

☑ 순서

낭독녹음 저장 → 카페 접속 → 녹음파일 업로드 → 응원댓글달기

▷ 낭독실천가이드

☑ Check-Up   ☐ 녹음파일 업로드   ☐ 응원댓글달기

Honest scales belong to the Lord
정직한 저울은 주님께 속한 것이다

▷ AI원어민 녹음파일

· as if ~
  마치 ~ 한 것처럼

· scale
  저울

· balance
  저울 추

· belong to
  속하다

· weight
  무게, 무게 추

· secure
  안전한

· value
  귀하게 여기다

NIrV 영어원문   ※ /는 낭독을 할 때 의미덩어리 끊어읽기를 하는 곳

10   A king might speak / as if / his words come from God.
      But what he says / does not turn / right into wrong.

11   Honest scales and balances / belong to the Lord.
      He made all the weights / in the bag.

12   A king hates it / when his people do / what is wrong.
      A ruler is made secure / when they do / what is right.

13   Kings are pleased / when what you say / is honest.
      They value people / who speak the truth.

NIrV 한글번역

10 왕이 자기 말이 하나님께로부터 나온 것처럼 말할 수 있다. 그러나 그가 하는 말은 의를 악으로 바꾸지 못한다. 11 정직한 저울과 저울추는 주님께 속한 것이다. 그 분께서 가방에 있는 모든 무게추도 만드셨다. 12 왕은 자기 백성이 악한 짓을 하는 것을 싫어한다. 통치자는 그들(백성)이 의를 행할 때 안전해진다. 13 왕들은 네 말이 정직하면 기뻐한다. 그들은 진실을 말하는 사람들을 귀하게 여긴다.

개역개정판 성경

10 하나님의 말씀이 왕의 입술에 있은즉 재판할 때에 그의 입이 그르치지 아니하리라 11 공평한 저울과 접시 저울은 여호와의 것이요 주머니 속의 저울추도 다 그가 지으신 것이니라 12 악을 행하는 것은 왕들이 미워할 바니 이는 그 보좌가 공의로 말미암아 굳게 섬이니라 13 의로운 입술은 왕들이 기뻐하는 것이요 정직하게 말하는 자는 그들의 사랑을 입느니라

■ 영어필사노트

■ 영어낭독실천

▷ 낭독실천가이드

☑ 순서

낭독녹음 저장 → 카페 접속 → 녹음파일 업로드 → 응원댓글달기

☑ Check-Up ☐ 녹음파일 업로드 ☐ 응원댓글달기

It is much better to get wisdom than gold

지혜를 얻는 것이 금보다 훨씬 낫다

▷ AI원어민 녹음파일

- order
  명령하다
- calm down
  화를 가라앉히다
- favor
  호의, 은총
- guard
  지키다

NIrV 영어원문

※ /는 낭독을 할 때 의미덩어리 끊어읽기를 하는 곳

14   An angry king / can order your death.
     But a wise person / will try / to calm him down.

15   When a king's face is happy, / it means life.
     His favor is like rain / in the spring.

16   It is much better / to get wisdom / than gold.
     It is much better / to choose understanding / than silver.

17   The path of honest people / takes them away / from evil.
     Those who guard their ways / guard their lives.

NIrV 한글번역

14 성난 왕이 너를 죽이라고 명령할 수 있다. 그러나 지혜로운 사람은 그의 화를 가라 앉히려고 할 것이다. 15 왕의 얼굴이 행복하면 그건 곧 생명을 뜻한다. 그의 은총은 봄 비와 같다. 16 지혜를 얻는 것이 금보다 훨씬 낫다. 깨달음을 선택하는 것이 은보다 훨 씬 낫다. 17 정직한 사람의 길은 악에서 떠나게 한다. 자기 길을 지키는 자는 자기 목숨 을 지키는 것이다.

개역개정판 성경

14 왕의 진노는 죽음의 사자들과 같아도 지혜로운 사람은 그것을 쉽게 하리라 15 왕의 희색은 생명을 뜻하나니 그의 은택이 늦은 비를 내리는 구름과 같으니라 16 지혜를 얻 는 것이 금을 얻는 것보다 얼마나 나은고 명철을 얻는 것이 은을 얻는 것보다 더욱 나 으니라 17 악을 떠나는 것은 정직한 사람의 대로이니 자기의 길을 지키는 자는 자기의 영혼을 보전하느니라

■ 영어필사노트

■ 영어낭독실천

☑ 순서

낭독녹음 저장 → 카페 접속 → 녹음파일 업로드 → 응원댓글달기

▷ 낭독실천가이드

☑ Check-Up

☐ **녹음파일 업로드**   ☐ **응원댓글달기**

Pleasant words make people want to learn more

기분 좋은 말은 사람들로 하여금 더 배우고 싶게 만든다

▷ AI원어민 녹음파일

- · suppose
  가정하다
- · lowly in spirit
  마음이 겸손한
- · be treated badly
  학대받다
- · stolen goods
  훔친 물건
- · be known for
  드러나다
- · pleasant
  즐거운, 기분 좋은

NIrV 영어원문　　　　　　　　　　　　　※ /는 낭독을 할 때 의미덩어리 끊어읽기를 하는 곳

18　If you are proud, / you will be destroyed.
　　If you are proud, / you will fall.

19　Suppose / you are lowly in spirit / along with those / who are treated badly.
　　That's better / than sharing stolen goods / with those who are proud.

20　If anyone pays attention / to what he is taught, / he will succeed.
　　Blessed is the person / who trusts in the Lord.

21　Wise hearts are known / for understanding what is right.
　　Pleasant words / make people / want to learn more.

NIrV 한글번역

¹⁸ 교만하면 망할 것이다. 자랑하면 넘어지리라. ¹⁹ 학대받는 사람들과 더불어 네 마음이 겸손하다고 가정해보자. 그게 교만한 자들과 훔친 물건을 나누는 것보다 낫다. ²⁰ 누구든지 가르침 받은 것에 주의를 기울이면 성공할 것이다. 주님을 신뢰하는 사람은 복이 있도다. ²¹ 지혜로운 마음은 무엇이 옳은 지 깨달음으로 드러난다. 기분 좋은 말은 사람들로 하여금 더 배우고 싶게 만든다.

개역개정판 성경

¹⁸ 교만은 패망의 선봉이요 거만한 마음은 넘어짐의 앞잡이니라 ¹⁹ 겸손한 자와 함께 하여 마음을 낮추는 것이 교만한 자와 함께 하여 탈취물을 나누는 것보다 나으니라 ²⁰ 삼가 말씀에 주의하는 자는 좋은 것을 얻나니 여호와를 의지하는 자는 복이 있느니라 ²¹ 마음이 지혜로운 자는 명철하다 일컬음을 받고 입이 선한 자는 남의 학식을 더하게 하느니라

■ 영어필사노트

_____
_____
_____
_____
_____
_____
_____
_____
_____
_____
_____
_____
_____
_____
_____
_____
_____
_____
_____

■ 영어낭독실천

▷ 낭독실천가이드

☑ 순서

낭독녹음 저장 → 카페 접속 → 녹음파일 업로드 → 응원댓글달기

☑ Check-Up ☐ 녹음파일 업로드 ☐ 응원댓글달기

The hearts of wise people guide their mouths
지혜로운 사람의 마음은 그의 입을 인도한다

▷ AI원어민 녹음파일

VOCA
CHECK

· in the end
  결국
· hunger
  굶주림
· drive ~ on
  ~를 계속하게 만들다

NIrV 영어원문   ※ /는 낭독을 할 때 의미덩어리 끊어읽기를 하는 곳

22 Understanding is like a fountain of life / to those who have it.
    But foolish people are punished / for the foolish things / they do.

23 The hearts of wise people / guide their mouths.
    Their words make people / want to learn more.

24 Pleasant words / are like honey.
    They are sweet / to the spirit / and bring healing / to the body.

25 There is a way / that may seem right / to a man.
    But in the end / it leads to death.

26 The hunger of a worker / makes him work.
    His hunger / drives him on.

NIrV 한글번역

²² 깨달음은 그것을 가진 이들에게는 생명의 샘과 같다. 그러나 미련한 사람들은 그들이 하는 미련한 일에 대해 벌을 받으리라. ²³ 지혜로운 사람들의 마음은 그들의 입을 인도한다. 그들의 말은 사람들로 하여금 더 배우고 싶게 만든다. ²⁴ 즐거운 말은 꿀과 같다. 영혼에 달콤하고 몸에 치유를 가져다준다. ²⁵ 사람이 보기에 옳은 길이 있다. 그러나 결국 죽음에 이르게 된다. ²⁶ 일꾼의 굶주림이 그를 일하게 한다. 그의 굶주림이 그를 계속 하게 만든다.

개역개정판 성경

²² 명철한 자에게는 그 명철이 생명의 샘이 되거니와 미련한 자에게는 그 미련한 것이 징계가 되느니라 ²³ 지혜로운 자의 마음은 그의 입을 슬기롭게 하고 또 그의 입술에 지식을 더하느니라 ²⁴ 선한 말은 꿀송이 같아서 마음에 달고 뼈에 양약이 되느니라 ²⁵ 어떤 길은 사람이 보기에 바르나 필경은 사망의 길이니라 ²⁶ 고되게 일하는 자는 식욕으로 말미암아 애쓰나니 이는 그의 입이 자기를 독촉함이니라

■ 영어필사노트

_____
_____
_____
_____
_____
_____
_____
_____
_____
_____
_____
_____
_____
_____
_____
_____
_____
_____

■ 영어낭독실천

▷ 낭독실천가이드

☑ 순서

낭독녹음 저장 → 카페 접속 → 녹음파일 업로드 → 응원댓글달기

☑ Check-Up ☐ **녹음파일 업로드** ☐ **응원댓글달기**

Don't talk about others

남 얘기는 하지 말라

▷ AI원어민 녹음파일

NIrV 영어원문　　　　　　　　　　　　　※ /는 낭독을 할 때 의미덩어리 끊어읽기를 하는 곳

27　A worthless person / plans to do evil things.
　　His words / are like a burning fire.

28　A twisted person / stirs up fights.
　　Anyone / who talks about others / separates close friends.

29　A man / who wants to hurt others / tries to get them / to sin.
　　He leads them / down a path / that isn't good.

30　When he winks / with his eyes, / he is planning / to do wrong.
　　When his lips are tightly closed, / he is up to / no good.

VOCA CHECK

· worthless
　쓸모 없는

· burning
　타오르는

· twisted
　비뚤어진

· separate
　갈라놓다

· get them to sin
　그들을 죄짓게 만들다

· be up to no good
　나쁜 일을 꾸미다

NIrV 한글번역

27 쓸모 없는 사람은 악한 일을 계획한다. 그의 말은 타오르는 불과 같다. 28 비뚤어진 사람은 싸움을 일으킨다. 남에 대해 말하는 사람은 친한 친구들을 갈라놓는다. 29 남에게 상처를 주고자 하는 사람은 그들(남)을 죄짓게 만들려고 애쓴다. 그는 그들을 좋지 않은 길로 인도한다. 30 그가 눈짓을 하면 그는 악을 행할 작정이다. 그의 입술이 꽉 닫히면 그는 나쁜 일을 꾸미고 있다.

개역개정판 성경

27 불량한 자는 악을 꾀하나니 그 입술에는 맹렬한 불 같은 것이 있느니라 28 패역한 자는 다툼을 일으키고 말쟁이는 친한 벗을 이간하느니라 29 강포한 사람은 그 이웃을 꾀어 좋지 아니한 길로 인도하느니라 30 눈짓을 하는 자는 패역한 일을 도모하며 입술을 닫는 자는 악한 일을 이루느니라

■ 영어필사노트

■ 영어낭독실천

☑ 순서

낭독녹음 저장 → 카페 접속 → 녹음파일 업로드 → 응원댓글달기

☑ Check-Up ☐ 녹음파일 업로드 ☐ 응원댓글달기

▷ 낭독실천가이드

Every decision comes from the Lord

모든 결정은 주님께로부터 나온다

▷ AI원어민 녹음파일

· gray
  회색의, 허옇게 된
· glorious
  영광스러운
· take a city
  성읍을 차지하다
· cast lots into the lap
  굴려서 제비를 뽑다
· make decisions
  결정을 내리다

NIrV 영어원문   ※ /는 낭독을 할 때 의미덩어리 끊어읽기를 하는 곳

31 Gray hair / is a glorious crown.
   You get it / by living the right way.

32 It is better to be patient / than to fight.
   It is better / to control your temper / than to take a city.

33 Lots are cast into the lap / to make decisions.
   But everything they decide / comes from the Lord.

NIrV 한글번역

31 허옇게 된 머리는 영광스러운 왕관이다. 올바른 길을 삶으로써 얻을 수 있다. 32 싸우는 것보다 참는 것이 낫다. 성읍을 차지하는 것보다 화를 다스리는 것이 낫다. 33 결정을 내리기 위해 굴려서 제비를 뽑는다. 그러나 그들이 결정하는 것은 모두 주님께로부터 나온다.

개역개정판 성경

31 백발은 영화의 면류관이라 공의로운 길에서 얻으리라 32 노하기를 더디하는 자는 용사보다 낫고 자기의 마음을 다스리는 자는 성을 빼앗는 자보다 나으니라 33 제비는 사람이 뽑으나 모든 일을 작정하기는 여호와께 있느니라

■ 영어필사노트

■ 영어낭독실천

▷ 낭독실천가이드

☑ 순서

낭독녹음 저장 → 카페 접속 → 녹음파일 업로드 → 응원댓글달기

☑ Check-Up   ☐ **녹음파일 업로드**   ☐ **응원댓글달기**

17장

The Lord tests
our hearts.

주님께서 우리 마음을 시험하신다

The Lord tests our hearts

주님께서는 우리의 마음을 시험하신다

▷ AI원어민 녹음파일

· crust
  조각
· servant
  하인, 종
· shameful
  수치스러운
· heat
  열
· lying
  거짓말 하는

NIrV 영어원문   ※ /는 낭독을 할 때 의미덩어리 끊어읽기를 하는 곳

1   It is better / to eat a dry crust of bread / in peace and quiet / than to
    eat a big dinner / in a house / full of fighting.

2   A wise servant / will rule over a shameful child.
    He will be given / part of the property / as if / he were a family member.

3   Fire tests silver, / and / heat tests gold.
    But the Lord / tests our hearts.

4   Evil people / listen to lies.
    Lying people / listen to evil.

NIrV 한글번역

¹ 화목하고 조용하게 마른 빵 한 조각을 먹는 것이 싸움으로 가득 찬 집에서 거한 저녁
을 먹는 것보다 낫다. ² 지혜로운 종이 수치스러운 아이를 다스릴 것이다. 그⁽종⁾는 가족
처럼 재산의 일부를 받게 될 것이다. ³ 불은 은을 시험하고, 열은 금을 시험한다. 그러
나 주님께서는 우리의 마음을 시험하신다. ⁴ 악한 사람은 거짓말에 귀 기울인다. 거짓
말 하는 사람은 악에 귀 기울인다.

개역개정판 성경

¹ 마른 떡 한 조각만 있고도 화목하는 것이 제육이 집에 가득하고도 다투는 것보다 나
으니라 ² 슬기로운 종은 부끄러운 짓을 하는 주인의 아들을 다스리겠고 또 형제들 중
에서 유업을 나누어 얻으리라 ³ 도가니는 은을, 풀무는 금을 연단하거니와 여호와는
마음을 연단하시느니라 ⁴ 악을 행하는 자는 사악한 입술이 하는 말을 잘 듣고 거짓말
을 하는 자는 악한 혀가 하는 말에 귀를 기울이느니라

■ 영어필사노트

■ 영어낭독실천

▷ 낭독실천가이드

☑ 순서

낭독녹음 저장 → 카페 접속 → 녹음파일 업로드 → 응원댓글달기

☑ Check-Up ☐ 녹음파일 업로드 ☐ 응원댓글달기

Money buys favors for those who give it
돈은 주는 사람들의 호의를 산다

▷ AI원어민 녹음파일

VOCA
CHECK

- Maker
  만드신 분, 조물주
- suffer
  고통 받다
- be proud of
  자랑스러워 하다
- proper
  올바른
- brag
  자랑하다
- favor
  호의, 은총
- no matter where
  어디든지

NIrV 영어원문　　　　　　　　　　　　　　※ /는 낭독을 할 때 의미덩어리 끊어읽기를 하는 곳

5　Anyone who laughs at / those who are poor / makes fun of their Maker.
　　Anyone who is happy / when others suffer / will be punished.

6　Grandchildren are like a crown / to older people.
　　And children / are proud of their parents.

7　It isn't proper / for foolish people / to brag.
　　And / it certainly isn't proper / for rulers / to tell lies!

8　Money buys favors / for those who give it.
　　No matter / where they turn, / they succeed.

NIrV 한글번역

5 가난한 이들을 비웃는 자는 그들을 만드신 분을 비웃는 것이다. 남이 고통을 받을 때 즐거워하는 사람은 벌을 받으리라. 6 손자들은 노인들에게 왕관과 같다. 그리고 아이들은 부모를 자랑스러워 한다. 7 어리석은 사람이 자랑하는 것은 옳지 않다. 그리고 통치자가 거짓말을 하는 것은 확실히 옳지 않다. 8 돈은 주는 사람들의 호의를 산다. 그들이 어디로 향하든 성공한다.

개역개정판 성경

5 가난한 자를 조롱하는 자는 그를 지으신 주를 멸시하는 자요 사람의 재앙을 기뻐하는 자는 형벌을 면하지 못할 자니라 6 손자는 노인의 면류관이요 아비는 자식의 영화니라 7 지나친 말을 하는 것도 미련한 자에게 합당하지 아니하거든 하물며 거짓말을 하는 것이 존귀한 자에게 합당하겠느냐 8 뇌물은 그 임자가 보기에 보석 같은즉 그가 어디로 향하든지 형통하게 하느니라

■ 영어필사노트

■ 영어낭독실천

☑ 순서

낭독녹음 저장　카페 접속　녹음파일 업로드　응원댓글달기

☑ Check-Up　☐ **녹음파일 업로드**　☐ **응원댓글달기**

Erase a sin by forgiving it

용서함으로 죄를 지워라

▷ AI원어민 녹음파일

VOCA CHECK

- erase
  지우다
- forgive
  용서하다
- separate
  갈라놓다
- stroke
  매질
- whip
  채찍
- official
  관리
- show mercy
  자비를 베풀다
- cub
  새끼 곰

NIrV 영어원문   ※ /는 낭독을 할 때 의미덩어리 끊어읽기를 하는 곳

9   Those who erase a sin / by forgiving it / show love.
    But those who talk about it / separate close friends.

10 A person / who understands what is right / learns more / from just
    a warning / than a foolish person learns / from 100 strokes / with a
    whip.

11 An evil person / never / wants to obey.
    An official / who shows no mercy / will be sent / against him.

12 It is better / to meet a bear / whose cubs have been stolen / than to
    meet a foolish person / who is acting foolishly.

13 Evil / will never leave the house / of anyone who pays back evil / for
    good.

NIrV 한글번역

9 용서함으로 죄를 지우는 사람은 사랑을 나타낸다. 그러나 그것(죄)에 대해 이야기 하는 사람은 친한 친구들을 갈라놓는다. 10 무엇이 옳은지 깨닫는 사람은 경고만으로도 어리석은 사람이 채찍으로 100번 매질을 당하는 것 보다 더 많은 것을 배운다. 11 악한 사람은 결코 순종하기를 원하지 않는다. 자비를 베풀지 않는 관리는 그 대가로 보내어질 것이다. 12 새끼를 빼앗긴 곰을 만나는 것이 어리석게 행동하는 미련한 사람을 만나는 것보다 낫다. 13 악은 결코 선을 악으로 갚는 자의 집을 떠나지 않을 것이다.

개역개정판 성경

9 허물을 덮어 주는 자는 사랑을 구하는 자요 그것을 거듭 말하는 자는 친한 벗을 이간하는 자니라 10 한 마디 말로 총명한 자에게 충고하는 것이 매 백 대로 미련한 자를 때리는 것보다 더욱 깊이 박히느니라 11 악한 자는 반역만 힘쓰나니 그러므로 그에게 잔인한 사자가 보냄을 받으리라 12 차라리 새끼 빼앗긴 암곰을 만날지언정 미련한 일을 행하는 미련한 자를 만나지 말 것이니라 13 누구든지 악으로 선을 갚으면 악이 그 집을 떠나지 아니하리라

■ 영어필사노트

_(빈 줄 노트)_

■ 영어낭독실천

▷ 낭독실천가이드

☑ 순서

낭독녹음 저장 → 카페 접속 → 녹음파일 업로드 → 응원댓글달기

☑ Check-Up　　☐ 녹음파일 업로드　　☐ 응원댓글달기

Drop the matter before a fight breaks out
싸움이 일어나기 전에 문제에서 떠나라

▷ AI원어민 녹음파일

NIrV 영어원문   ※ /는 낭독을 할 때 의미덩어리 끊어읽기를 하는 곳

14 Starting to argue / is like making a crack / in a dam.
So drop the matter / before a fight breaks out.

15 The Lord / hates two things.
He hates it / when the guilty are set free.
He also hates it / when those who aren't guilty / are punished.

16 What good is money / in the hands of a foolish person?
He doesn't want to / become wise.

17 A friend loves / at all times.
He is there to help / when trouble comes.

· argue
다투다
· crack
틈, 금
· drop
떠나다, 포기하다
· break out
일어나다
· the guilty
죄인(들)
· set free
풀어주다
· what good
무슨 소용

NIrV 한글번역

¹⁴ 다툼을 시작하는 것은 댐에 금을 내는 것과 같다. 그러므로 싸움이 일어나기 전에 문제에서 떠나라. ¹⁵ 주님께서는 두 가지를 싫어하신다. 그 분은 죄인이 풀려나는 것을 싫어하신다. 또 죄 없는 이가 벌 받는 것도 싫어하신다. ¹⁶ 어리석은 사람의 손에 있는 돈이 무슨 소용이 있겠느냐? 그는 지혜로워지고 싶어하지 않는다. ¹⁷ 친구는 항상 사랑한다. 그는 문제가 찾아올 때 도움을 주기 위해 있다.

개역개정판 성경

¹⁴ 다투는 시작은 둑에서 물이 새는 것 같은즉 싸움이 일어나기 전에 시비를 그칠 것이니라 ¹⁵ 악인을 의롭다 하고 의인을 악하다 하는 이 두 사람은 다 여호와께 미움을 받느니라 ¹⁶ 미련한 자는 무지하거늘 손에 값을 가지고 지혜를 사려 함은 어찜인고 ¹⁷ 친구는 사랑이 끊어지지 아니하고 형제는 위급한 때를 위하여 났느니라

■ 영어필사노트

■ 영어낭독실천

▷ 낭독실천가이드

☑ 순서

낭독녹음 저장   카페 접속   녹음파일 업로드   응원댓글달기

☑ Check-Up   ☐ **녹음파일 업로드**   ☐ **응원댓글달기**

Don't love to argue

다투기를 좋아하지 마라

▷ AI원어민 녹음파일

· sense
  분별(력)

· agree to pay
  갚는데 동의하다

· owe
  빚지다

· put up money
  돈을 쌓다

· get into trouble
  곤경에 빠지다

NIrV 영어원문　　　　　　　　　　　※ /는 낭독을 할 때 의미덩어리 끊어읽기를 하는 곳

18　A man who has little sense / agrees to pay / what other people owe.
　　It isn't wise / to put up money / for others.

19　The one who loves to argue / loves to sin.
　　The one / who builds a high gate / is just asking / to be destroyed.

20　If your heart is twisted, / you won't succeed.
　　If your tongue tells lies, / you will get into trouble.

21　It is sad / to have a foolish child.
　　The parents of a foolish person / have no joy.

NIrV 한글번역

¹⁸ 분별력이 없는 사람은 다른 사람이 빚진 것을 갚는데 동의한다. 남에게 돈을 쌓는 것은 현명하지 않다. ¹⁹ 다투기를 좋아하는 자는 죄 짓는 걸 사랑한다. 높은 문을 세우는 자는 파괴되기를 구할 뿐이다. ²⁰ 마음이 비뚤어지면 성공하지 못할 것이다. 혀가 거짓말을 하면 곤경에 빠지리라. ²¹ 어리석은 자식을 갖는 것은 슬프다. 어리석은 자의 부모는 기쁨이 없다.

개역개정판 성경

¹⁸ 지혜 없는 자는 남의 손을 잡고 그의 이웃 앞에서 보증이 되느니라 ¹⁹ 다툼을 좋아하는 자는 죄과를 좋아하는 자요 자기 문을 높이는 자는 파괴를 구하는 자니라 ²⁰ 마음이 굽은 자는 복을 얻지 못하고 혀가 패역한 자는 재앙에 빠지느니라 ²¹ 미련한 자를 낳는 자는 근심을 당하나니 미련한 자의 아비는 낙이 없느니라

■ 영어필사노트

■ 영어낭독실천

▷ 낭독실천가이드

☑ 순서

낭독녹음 저장 → 카페 접속 → 녹음파일 업로드 → 응원댓글달기

☑ Check-Up ☐ 녹음파일 업로드 ☐ 응원댓글달기

A cheerful heart makes you healthy

유쾌한 마음은 너를 건강하게 한다

▷ AI원어민 녹음파일

- cheerful
  유쾌한
- healthy
  건강한
- dry up
  마르게 하다
- in secret
  은밀하게
- accept favor
  은혜를 받아들이다
- keep ~ in view
  ~에 눈길을 주다

NIrV 영어원문 ※ /는 낭독을 할 때 의미덩어리 끊어읽기를 하는 곳

22 A cheerful heart / makes you healthy.
    But a broken spirit / dries you up.

23 Anyone who does wrong / accepts favors / in secret.
    Then he turns / what is right / into wrong.

24 Anyone / who understands what is right / keeps wisdom / in view.
    But the eyes of a foolish person / look everywhere else.

NIrV 한글번역

22 유쾌한 마음은 너를 건강하게 한다. 그러나 상한 마음은 너를 마르게 한다. 23 악을 행하는 사람은 은밀하게 은혜를 받아들인다. 그리고 나서 옳은 것을 그른 것으로 바꾼다. 24 무엇이 옳은 지 깨닫는 사람은 지혜에 눈길을 준다. 그러나 어리석은 자의 눈은 다른 곳을 본다.

개역개정판 성경

22 마음의 즐거움은 양약이라도 심령의 근심은 뼈를 마르게 하느니라 23 악인은 사람의 품에서 뇌물을 받고 재판을 굽게 하느니라 24 지혜는 명철한 자 앞에 있거늘 미련한 자는 눈을 땅 끝에 두느니라

■ 영어필사노트

■ 영어낭독실천

▷ 낭독실천가이드

☑ 순서

낭독녹음 저장 → 카페 접속 → 녹음파일 업로드 → 응원댓글달기

☑ Check-Up   ☐ 녹음파일 업로드   ☐ 응원댓글달기

▷ AI원어민 녹음파일

VOCA CHECK

- guilty
  죄가 있는
- whip
  채찍질 하다
- be easily upset
  쉽게 화를 내다
- keep silent
  침묵하다
- control one's tongue
  혀를 다스리다

NIrV 영어원문
※ /는 낭독을 할 때 의미덩어리 끊어읽기를 하는 곳

25 A foolish child / makes his father sad / and his mother sorry.

26 It isn't good / to punish / those who aren't guilty.
It isn't good / to whip officials / just because / they are honest.

27 Anyone who has knowledge / controls his words.
A man / who has understanding / is not easily upset.

28 We think / even a foolish person is wise / if he keeps silent.
We think / he understands what is right / if he controls his tongue.

NIrV 한글번역

²⁵ 미련한 자식은 아버지를 슬프게 하고 어머니를 안타깝게 한다. ²⁶ 죄 없는 사람을 벌하는 것은 좋지 않다. 관리가 단지 정직하다는 이유로 채찍질하는 것은 좋지 않다. ²⁷ 지식이 있는 사람은 자기 말을 다스린다. 깨달음이 있는 사람은 쉽게 화를 내지 않는다. ²⁸ 우리는 어리석은 사람일지라도 침묵하면 지혜롭다고 생각한다. 자기 혀를 다스린다면 무엇이 옳은지 깨닫고 있다고 생각한다.

개역개정판 성경

²⁵ 미련한 아들은 그 아비의 근심이 되고 그 어미의 고통이 되느니라 ²⁶ 의인을 벌하는 것과 귀인을 정직하다고 때리는 것은 선하지 못하니라 ²⁷ 말을 아끼는 자는 지식이 있고 성품이 냉철한 자는 명철하니라 ²⁸ 미련한 자라도 잠잠하면 지혜로운 자로 여겨지고 그의 입술을 닫으면 슬기로운 자로 여겨지느니라

■ 영어필사노트

■ 영어낭독실천

▷ 낭독실천가이드

☑ 순서

낭독녹음 저장 → 카페 접속 → 녹음파일 업로드 → 응원댓글달기

☑ Check-Up　　☐ 녹음파일 업로드　　☐ 응원댓글달기

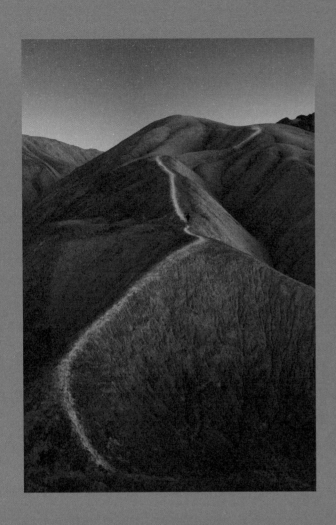

18장

Don't answer
before listening

다 듣기 전에 대답하지 말라

18:1-4 The words of a person's mouth are like deep water

사람 입의 말은 깊은 물과 같다

▷ AI원어민 녹음파일

· friendly
  친절한, 잘 어울리는
· look out for oneself
  자신을 바라보다
· oppose
  반대하다
· refuse to honor
  존경하기를 거부하다
· flowing stream
  흐르는 시냇물

NIrV 영어원문   ※ /는 낭독을 할 때 의미덩어리 끊어읽기를 하는 곳

1 A person who isn't friendly / looks out / only for himself.
   He opposes / all good sense.

2 A foolish person / doesn't want to understand.
   He takes delight / in saying / only what he thinks.

3 People hate it / when evil comes.
   And they refuse to honor / those who bring shame.

4 The words of a person's mouth / are like deep water.
   But the fountain of wisdom / is like a flowing stream.

NIrV 한글번역

¹ 남과 어울리지 못하는 사람은 자기 자신만을 바라본다. 그는 모든 분별력에 반대한다. ² 미련한 사람은 깨달으려고 하지 않는다. 그는 자신이 생각하는 것만 말하는 걸 기뻐한다. ³ 사람들은 재앙이 오는 것을 싫어한다. 그리고 수치를 가져오는 자들을 존경하기를 거부한다. ⁴ 사람의 입의 말은 깊은 물과 같다. 그러나 지혜의 샘은 흐르는 시냇물과 같다.

개역개정판 성경

¹ 무리에게서 스스로 갈라지는 자는 자기 소욕을 따르는 자라 온갖 참 지혜를 배척하느니라 ² 미련한 자는 명철을 기뻐하지 아니하고 자기의 의사를 드러내기만 기뻐하느니라 ³ 악한 자가 이를 때에는 멸시도 따라오고 부끄러운 것이 이를 때에는 능욕도 함께 오느니라 ⁴ 명철한 사람의 입의 말은 깊은 물과 같고 지혜의 샘은 솟구쳐 흐르는 내와 같으니라

■ 영어필사노트

■ 영어낭독실천

☑ 순서

낭독녹음 저장 → 카페 접속 → 녹음파일 업로드 → 응원댓글달기

▷ 낭독실천가이드

☑ Check-Up   ☐ 녹음파일 업로드   ☐ 응원댓글달기

A foolish person is trapped by what he says
어리석은 사람은 자기가 한 말의 덫에 빠진다

▷ AI원어민 녹음파일

NIrV 영어원문 ※ /는 낭독을 할 때 의미덩어리 끊어읽기를 하는 곳

5 It isn't good / to favor / those who do wrong.
And it isn't good / to hold back what is fair / from those who aren't guilty.

6 What a foolish person says / leads to arguing.
He is just asking / for a beating.

7 The words of a foolish person / drag him down.
He is trapped / by what he says.

8 The words of anyone / who talks about others / are like tasty bites of food.
They go deep down / inside you.

9 Anyone who doesn't want to work / is like someone / who destroys.

VOCA CHECK

· favor
호의를 베풀다
· hold back
망설이다
· beating
매질
· drag down
끌어내리다
· be trapped
덫에 빠지다
· tasty
맛있는

NIrV 한글번역

⁵ 악을 행하는 자에게 호의를 베푸는 것은 좋지 않다. 그리고 죄가 없는 사람에게 공정한 일을 하는 걸 망설이는 것은 좋지 않다. ⁶ 어리석은 사람의 말은 다툼으로 이어진다. 그는 단지 매질을 청하는 것이다. ⁷ 어리석은 사람의 말은 자신을 끌어내린다. 그는 자기가 한 말의 덫에 빠진다. ⁸ 남에 대해 얘기하는 사람의 말은 맛 있는 음식을 씹는 것과 같다. 네 안의 깊은 곳으로 들어간다. ⁹ 일하기를 싫어하는 사람은 파괴하는 사람과 같다.

개역개정판 성경

⁵ 악인을 두둔하는 것과 재판할 때에 의인을 억울하게 하는 것이 선하지 아니하니라 ⁶ 미련한 자의 입술은 다툼을 일으키고 그의 입은 매를 자청하느니라 ⁷ 미련한 자의 입은 그의 멸망이 되고 그의 입술은 그의 영혼의 그물이 되느니라 ⁸ 남의 말하기를 좋아하는 자의 말은 별식과 같아서 뱃속 깊은 데로 내려가느니라 ⁹ 자기의 일을 게을리하는 자는 패가하는 자의 형제니라

■ 영어필사노트

■ 영어낭독실천

☑ 순서

낭독녹음 저장 → 카페 접속 → 녹음파일 업로드 → 응원댓글달기

☑ Check-Up   ☐ 녹음파일 업로드   ☐ 응원댓글달기

To answer before listening is foolish

듣기 전에 대답하는 것은 어리석은 일이다

▷ AI원어민 녹음파일

NIrV 영어원문　　　　　　　　　　　　　　※ /는 낭독을 할 때 의미덩어리 끊어읽기를 하는 곳

10　The name of the Lord / is like a strong tower.
　　Godly people / run to it / and are safe.

11　The wealth of rich people / is like a city / that makes them / feel safe.
　　They think of it / as a city with walls / that can't be climbed.

12　If a man's heart is proud, / he will be destroyed.
　　So don't be proud / if you want to be honored.

13　To answer before listening / is foolish / and shameful.

14　A man's cheerful heart / gives him strength / when he is sick.
　　You can't keep going / if you have a broken spirit.

VOCA CHECK

- think of A as B
  A를 B로 생각하다
- climb
  오르다
- keep going
  견뎌내다

NIrV 한글번역

10 주님의 이름은 튼튼한 탑이다. 경건한 사람들은 그곳으로 달려가 안전해진다. 11 부자들의 재물은 그들을 안심시키는 성읍과 같다. 그들은 그것(재물)을 오를 수 없는 성벽이 있는 성읍이라고 생각한다. 12 사람의 마음이 교만하면 망하리라. 그러므로 존경받고 싶다면 교만하지 마라. 13 듣기 전에 대답하는 것은 어리석고 부끄러운 일이다. 14 사람의 유쾌한 마음은 병들었을 때도 그에게 힘을 준다.　마음이 상하면 견뎌낼 수 없다.

개역개정판 성경

10 여호와의 이름은 견고한 망대라 의인은 그리로 달려가서 안전함을 얻느니라 11 부자의 재물은 그의 견고한 성이라 그가 높은 성벽 같이 여기느니라 12 사람의 마음의 교만은 멸망의 선봉이요 겸손은 존귀의 길잡이니라 13 사연을 듣기 전에 대답하는 자는 미련하여 욕을 당하느니라 14 사람의 심령은 그의 병을 능히 이기려니와 심령이 상하면 그것을 누가 일으키겠느냐

■ 영어필사노트

■ 영어낭독실천

☑ 순서

낭독녹음 저장 → 카페 접속 → 녹음파일 업로드 → 응원댓글달기

☑ Check-Up   ☐ 녹음파일 업로드   ☐ 응원댓글달기

▷ 낭독실천가이드

A gift opens the way for the one who gives it

선물은 주는 이에게 길을 열어 준다

▷ AI원어민 녹음파일

VOCA CHECK

· gift
  선물

· case
  소송 (사건)

· casting lots
  제비뽑기

· put a stop to ~
  ~를 멈추게 하다

· keep apart
  떼어놓다

· mighty
  강한

NIrV 영어원문   ※ /는 낭독을 할 때 의미덩어리 끊어읽기를 하는 곳

15 Those whose hearts / understand what is right / get knowledge.
    The ears / of those who are wise / listen for it.

16 A gift opens the way / for the one / who gives it.
    It helps him / meet important people.

17 The first one / to tell his case / seems right.
    Then someone else / comes forward / and questions him.

18 Casting lots / will put a stop / to arguing.
    It will keep / the strongest enemies / apart.

19 A broken friendship / is harder to deal with / than a city with high
    walls / around it.
    And arguing / is like the locked gates / of a mighty city.

NIrV 한글번역

15 무엇이 옳은 지를 마음으로 깨닫는 사람은 지식을 얻는다. 지혜로운 이들의 귀는 그
것을 듣는다. 16 선물은 주는 이에게 길을 열어 준다. 그가 중요한 사람들을 만나는데
도움이 된다. 17 그의 소송 사건을 먼저 말한 사람이 맞는 것처럼 보인다. 그때 다른 사
람이 앞으로 나와 그를 심문한다. 18 제비뽑기를 하면 다툼이 멈출 것이다. 가장 센 원
수들도 떼어놓을 것이다. 19 깨진 우정은 둘레에 높은 벽이 있는 성읍보다 다루기가 더
어렵다. 그리고 다툼은 강한 성읍의 닫힌 성문과 같다.

개역개정판 성경

15 명철한 자의 마음은 지식을 얻고 지혜로운 자의 귀는 지식을 구하느니라 16 사람의
선물은 그의 길을 넓게 하며 또 존귀한 자 앞으로 그를 인도하느니라 17 송사에서는 먼
저 온 사람의 말이 바른 것 같으나 그의 상대자가 와서 밝히느니라 18 제비 뽑는 것은
다툼을 그치게 하여 강한 자 사이에 해결하게 하느니라 19 노엽게 한 형제와 화목하기
가 견고한 성을 취하기보다 어려운즉 이러한 다툼은 산성 문빗장 같으니라

■ 영어필사노트

■ 영어낭독실천

▷ 낭독실천가이드

☑ 순서

낭독녹음 저장 → 카페 접속 → 녹음파일 업로드 → 응원댓글달기

☑ Check-Up   ☐ 녹음파일 업로드   ☐ 응원댓글달기

Your tongue has the power of life and death

너의 혀는 살리고 죽이는 힘이 있다

▷ AI원어민 녹음파일

VOCA CHECK

· fill one's stomach
  배를 채우다

· satisfy
  만족시키다

· tongue
  혀

· beg for mercy
  자비를 구하다

· companion
  벗

· stick close
  끈끈하다

NIrV 영어원문　　　　　　　　　　　　　※ /는 낭독을 할 때 의미덩어리 끊어읽기를 하는 곳

20　A man / can fill his stomach / with what he says.
　　　The words from his lips / can satisfy him.

21　Your tongue / has the power / of life and death.
　　　Those who love to talk / will eat the fruit / of their words.

22　The one / who finds a wife / finds what is good.
　　　He receives favor / from the Lord.

23　Poor people / beg for mercy.
　　　But rich people answer / in a mean way.

24　Even a man / who has many companions / can be destroyed.
　　　But there is a friend / who sticks closer / than a brother.

NIrV 한글번역

²⁰ 사람은 자기가 하는 말로 배를 채울 수 있다. 그의 입술에서 나오는 말이 그를 만족시킬 수 있다. ²¹ 너의 혀는 살리고 죽이는 힘이 있다. 말하기를 좋아하는 사람은 자기 말의 열매를 먹으리라. ²² 아내를 얻는 자는 좋은 것을 얻는다. 그는 주님의 은총을 받는다. ²³ 가난한 사람들은 자비를 구한다. 그러나 부자들은 심술궂게 대답한다.
²⁴ 벗이 많은 사람도 망할 수 있다. 그러나 형제보다 더 끈끈한 친구도 있다.

개역개정판 성경

²⁰ 사람은 입에서 나오는 열매로 말미암아 배부르게 되나니 곧 그의 입술에서 나는 것으로 말미암아 만족하게 되느니라 ²¹ 죽고 사는 것이 혀의 힘에 달렸나니 혀를 쓰기 좋아하는 자는 혀의 열매를 먹으리라 ²² 아내를 얻는 자는 복을 얻고 여호와께 은총을 받는 자니라 ²³ 가난한 자는 간절한 말로 구하여도 부자는 엄한 말로 대답하느니라 ²⁴ 많은 친구를 얻는 자는 해를 당하게 되거니와 어떤 친구는 형제보다 친밀하니라

■ 영어필사노트

■ 영어낭독실천

▷ 낭독실천가이드

☑ 순서

낭독녹음 저장 → 카페 접속 → 녹음파일 업로드 → 응원댓글달기

☑ Check-Up   ☐ 녹음파일 업로드   ☐ 응원댓글달기

19장

Listen to advice

충고에 귀를 기울여라

Don't get stirred up without knowledge
지식 없이 마구 흥분하지 마라

▷ AI원어민 녹음파일

VOCA CHECK

- without blame
  흠 없이
- twist words around
  뒤틀린 말을 하다
- get stirred up
  흥분하다
- in a hurry
  서두르는
- miss the way
  길을 놓치다

NIrV 영어원문　　　　　　　　　　　　※ /는 낭독을 할 때 의미덩어리 끊어읽기를 하는 곳

1　It is better to be poor / and to live without blame / than to be foolish / and to twist words around.

2　It isn't good / to get all stirred up / without knowledge.
　And it isn't good / to be in a hurry / and miss the way.

3　A man's own foolish acts / destroy his life.
　But his heart / is angry with the Lord.

4　Wealth brings many friends.
　But the friends of poor people / leave them alone.

NIrV 한글번역

¹ 가난하지만 흠 없이 사는 것이 어리석고 뒤틀린 말을 하는 것보다 낫다. ² 지식 없이 마구 흥분하는 것은 좋지 않다. 그리고 서두르다 길을 놓치는 것도 좋지 않다. ³ 사람의 어리석은 행동은 자기 삶을 망친다. 그러나 그의 마음은 주님께 분노한다. ⁴ 재물은 많은 친구를 데려온다. 그러나 가난한 사람들의 친구들은 그들(가난한 사람들)을 내버려 둔다.

개역개정판 성경

¹ 가난하여도 성실하게 행하는 자는 입술이 패역하고 미련한 자보다 나으니라 ² 지식 없는 소원은 선하지 못하고 발이 급한 사람은 잘못 가느니라 ³ 사람이 미련하므로 자기 길을 굽게 하고 마음으로 여호와를 원망하느니라 ⁴ 재물은 많은 친구를 더하게 하나 가난한즉 친구가 끊어지느니라

■ 영어필사노트

■ 영어낭독실천

☑ 순서

낭독녹음 저장 → 카페 접속 → 녹음파일 업로드 → 응원댓글달기

▷ 낭독실천가이드

☑ Check-Up   ☐ 녹음파일 업로드   ☐ 응원댓글달기

Everyone is the friend of a man who gives gifts

모든 사람이 선물을 주는 사람에게는 친구이다

▷ AI원어민 녹음파일

VOCA
CHECK

· dishonest witness
  정직하지 못한 증인

· pour out
  쏟아내다

· win the favor
  호의를 얻다

· avoid
  피하다

· whole
  모든

· beg
  구걸하다

NIrV 영어원문 ※ /는 낭독을 할 때 의미덩어리 끊어읽기를 하는 곳

5   A dishonest witness / will be punished.
    And those who pour out lies / will not go free.

6   Many try / to win the favor / of rulers.
    And everyone / is the friend of a man / who gives gifts.

7   A poor person is avoided / by his whole family.
    His friends avoid him / even more.
    The poor person / runs after them / to beg.
    But / he can't find them.

8   Anyone who gets wisdom / loves himself.
    Anyone / who values understanding / succeeds.

NIrV 한글번역

⁵ 정직하지 못한 증인은 벌을 받을 것이다. 그리고 거짓말을 쏟아내는 자는 자유하지 못할 것이다. ⁶ 많은 사람들이 통치자들의 호의를 얻으려고 애쓴다. 그리고 모든 사람이 선물을 주는 사람에게는 친구이다. ⁷ 가난한 사람은 그의 가족도 모두 피한다. 그의 친구들은 그를 더욱 피하리라. 가난한 사람은 구걸하기 위해 그들(그의 친구들)을 뒤쫓는다. 그러나 그는 그들을 찾지 못하리라. ⁸ 지혜를 얻는 사람은 자신을 사랑하는 것이다. 깨달음을 소중히 여기는 자는 성공하리라.

개역개정판 성경

⁵ 거짓 증인은 벌을 면하지 못할 것이요 거짓말을 하는 자도 피하지 못하리라 ⁶ 너그러운 사람에게는 은혜를 구하는 자가 많고 선물 주기를 좋아하는 자에게는 사람마다 친구가 되느니라 ⁷ 가난한 자는 그의 형제들에게도 미움을 받거든 하물며 친구야 그를 멀리 하지 아니하겠느냐 따라가며 말하려 할지라도 그들이 없어졌으리라 ⁸ 지혜를 얻는 자는 자기 영혼을 사랑하고 명철을 지키는 자는 복을 얻느니라

■ 영어필사노트

■ 영어낭독실천

▷ 낭독실천가이드

☑ 순서

낭독녹음 저장 → 카페 접속 → 녹음파일 업로드 → 응원댓글달기

☑ Check-Up ☐ 녹음파일 업로드 ☐ 응원댓글달기

A man's wisdom makes him patient

사람의 지혜는 그를 오래 참게 한다

▷ AI원어민 녹음파일

VOCA CHECK

- punish
  벌을 주다
- proper
  옳은, 올바른
- comfort
  편안함, 안락
- rule over
  다스리다
- lion's roar
  사자의 포효
- dew on the grass
  풀 위의 이슬

NIrV 영어원문　　　　　　　　　　　※ /는 낭독을 할 때 의미덩어리 끊어읽기를 하는 곳

9　A dishonest witness / will be punished.
　　And those / who pour out lies / will die.

10　It isn't proper / for a foolish person / to live in great comfort.
　　And it is much worse / when a slave / rules over princes!

11　A man's wisdom / makes him patient.
　　He will be honored / if he forgives someone / who sins against him.

12　A king's anger / is like a lion's roar.
　　But his favor / is like dew / on the grass.

NIrV 한글번역

⁹ 정직하지 못한 증인을 벌을 받을 것이다. 그리고 거짓말을 쏟아내는 자는 죽으리라. ¹⁰ 미련한 자가 매우 안락하게 사는 것은 옳지 않다. 그리고 노예가 군주들을 다스리는 건 훨씬 더 나쁘다. ¹¹ 사람의 지혜는 그를 오래 참게 한다. 자기에게 죄를 지은 사람을 용서하면 영광을 받으리라. ¹² 왕의 노여움은 사자의 포효와 같다. 그러나 그의 은총은 풀 위의 이슬과 같다.

개역개정판 성경

⁹ 거짓 증인은 벌을 면하지 못할 것이요 거짓말을 뱉는 자는 망할 것이니라 ¹⁰ 미련한 자가 사치하는 것이 적당하지 못하거든 하물며 종이 방백을 다스림이랴 ¹¹ 노하기를 더디 하는 것이 사람의 슬기요 허물을 용서하는 것이 자기의 영광이니라 ¹² 왕의 노함은 사자의 부르짖음 같고 그의 은택은 풀 위의 이슬 같으니라

■ 영어필사노트

_____

_____

_____

_____

_____

_____

_____

_____

_____

_____

_____

_____

_____

_____

_____

_____

_____

_____

_____

■ 영어낭독실천

▷ 낭독실천가이드

☑ 순서

낭독녹음 저장 → 카페 접속 → 녹음파일 업로드 → 응원댓글달기

☑ Check-Up ☐ 녹음파일 업로드 ☐ 응원댓글달기

A wise wife is given by the Lord

어진 아내는 주님께서 주신다

▷ AI원어민 녹음파일

- **nagging**
  잔소리 하는
- **dripping**
  물이 뚝뚝 떨어짐
- **sleep one's life away**
  잠으로 삶을 헛되이 보내다
- **obey**
  따르다, 지키다

NIrV 영어원문   ※ /는 낭독을 할 때 의미덩어리 끊어읽기를 하는 곳

13 If a child is foolish, / he destroys his father.
     A nagging wife / is like dripping / that never stops.

14 You will receive houses / and wealth / from your parents.
     But a wise wife / is given by the Lord.

15 Anyone / who doesn't want to work / sleeps his life away.
     And a person / who refuses to work / goes hungry.

16 Those who obey / what they are taught / guard their lives.
     But those who don't care / how they live / will die.

NIrV 한글번역

¹³ 자식이 미련하면 자기 아버지를 망하게 한다. 잔소리 하는 아내는 멈추지 않는 물방울과 같다. ¹⁴ 네 부모에게서 집과 재물을 받게 될 것이다. 그러나 어진 아내는 주님께서 주신다. ¹⁵ 일하기를 원하지 않는 자는 잠으로 자기 삶을 헛되이 보낸다. 그리고 일하기를 거부하는 사람은 굶주리게 되리라. ¹⁶ 배운 것을 지키는 자는 자기 생명을 지킨다. 그러나 어떻게 살든 관심이 없는 자는 죽으리라.

개역개정판 성경

¹³ 미련한 아들은 그의 아비의 재앙이요 다투는 아내는 이어 떨어지는 물방울이니라 ¹⁴ 집과 재물은 조상에게서 상속하거니와 슬기로운 아내는 여호와께로서 말미암느니라 ¹⁵ 게으름이 사람으로 깊이 잠들게 하나니 태만한 사람은 주릴 것이니라 ¹⁶ 계명을 지키는 자는 자기의 영혼을 지키거니와 자기의 행실을 삼가지 아니하는 자는 죽으리라

■ 영어필사노트

■ 영어낭독실천

▷ 낭독실천가이드

☑ 순서

낭독녹음 저장 → 카페 접속 → 녹음파일 업로드 → 응원댓글달기

☑ Check-Up ☐ 녹음파일 업로드 ☐ 응원댓글달기

Anyone who is kind to poor people lends to the Lord

가난한 사람에게 친절하게 대하는 자는 주님께 꾸어드리는 것이다

▷ AI원어민 녹음파일

- lend
  빌려주다, 꾸어주다
- reward
  상을 주다
- bring about
  일으키다, 초래하다
- burn with anger
  불같이 화를 내다
- be taught
  배우다
- win out
  승리하다

NIrV 영어원문   ※ /는 낭독을 할 때 의미덩어리 끊어읽기를 하는 곳

17 Anyone who is kind / to poor people / lends to the Lord.
    God will reward him / for what he has done.

18 Train your child. Then / there is hope.
    Don't do anything / to bring about his death.

19 Anyone / who burns with anger / must pay for it.
    If you save him, / you will have to do it / again.

20 Listen to advice / and accept / what you are taught.
    In the end / you will be wise.

21 A man may have many plans / in his heart.
    But the Lord's purpose / wins out / in the end.

NIrV 한글번역

17 가난한 사람에게 친절하게 대하는 자는 주님께 꾸어드리는 것이다. 하나님이 그가 한 일에 대해 상을 주시리라. 18 네 자녀를 훈육시켜라. 그러면 희망이 있다. 그(자녀)의 죽음을 초래할 어떤 일도 하지마라. 19 불같이 화를 내는 자는 대가를 치러야 한다. 그를 구해주면 너는 또 그 일을 해야 하리라. 20 충고를 듣고 배운 것을 받아들이라. 결국 네가 지혜로워 지리라. 21 사람이 마음으로는 많은 계획을 가질 수 있다. 그러나 주님의 뜻이 결국 승리한다.

개역개정판 성경

17 가난한 자를 불쌍히 여기는 것은 여호와께 꾸어 드리는 것이니 그의 선행을 그에게 갚아 주시리라 18 네가 네 아들에게 희망이 있은즉 그를 징계하되 죽일 마음은 두지 말지니라 19 노하기를 맹렬히 하는 자는 벌을 받을 것이라 네가 그를 건져 주면 다시 그런 일이 생기리라 20 너는 권고를 들으며 훈계를 받으라 그리하면 네가 필경은 지혜롭게 되리라 21 사람의 마음에는 많은 계획이 있어도 오직 여호와의 뜻만이 완전히 서리라

■ 영어필사노트

■ 영어낭독실천

▷ 낭독실천가이드

☑ 순서

낭독녹음 저장　카페 접속　녹음파일 업로드　응원댓글달기

☑ Check-Up　☐ 녹음파일 업로드　☐ 응원댓글달기

Having respect for the Lord leads to life
주님을 공경함은 생명에 이르게 한다

▷ AI원어민 녹음파일

- long for
  갈망하다
- liar
  거짓말쟁이
- content
  만족한
- whip
  채찍질 하다
- make fun of
  조롱하다
- warn
  경고하다

NIrV 영어원문   ※ /는 낭독을 할 때 의미덩어리 끊어읽기를 하는 곳

22 Everyone longs for love / that never fails.
It is better to be poor / than to be a liar.

23 Having respect for the Lord / leads to life.
Then / you will be content / and free from trouble.

24 A person / who doesn't want to work / leaves his hand / in the dish.
He won't / even bring it back / up to his mouth!

25 If you whip a person / who makes fun of others, / childish people /
will learn to be wise.
If you warn someone / who already understands / what is right, /
he will gain / even more knowledge.

NIrV 한글번역

22 모든 사람은 결코 실패하지 않는 사랑을 갈망한다. 거짓말쟁이 보다 가난한 것이 낫다. 23 주님을 공경함은 생명에 이르게 한다. 그러면 만족케 되고 어려움이 없으리라. 24 일하기를 원치 않는 사람이 접시에 손을 넣는다. 그는 그것(손)을 다시 자기 입으로 가져오지도 않으리라. 25 남을 조롱하는 사람을 채찍질 하면, 철 없는 자들이 배워 지혜로워지리라. 무엇이 옳은지 이미 깨달은 이에게 경고하면, 그가 더 많은 지식을 얻으리라.

개역개정판 성경

22 사람은 자기의 인자함으로 남에게 사모함을 받느니라 가난한 자는 거짓말하는 자보다 나으니라 23 여호와를 경외하는 것은 사람으로 생명에 이르게 하는 것이라 경외하는 자는 족하게 지내고 재앙을 당하지 아니하느니라 24 게으른 자는 자기의 손을 그릇에 넣고서도 입으로 올리기를 괴로워하느니라 25 거만한 자를 때리라 그리하면 어리석은 자도 지혜를 얻으리라 명철한 자를 견책하라 그리하면 그가 지식을 얻으리라

■ 영어필사노트

■ 영어낭독실천

▷ 낭독실천가이드

☑ 순서

낭독녹음 저장 → 카페 접속 → 녹음파일 업로드 → 응원댓글달기

☑ Check-Up ☐ 녹음파일 업로드 ☐ 응원댓글달기

Those who make fun of others will be judged
남을 조롱하는 자는 심판을 받을 것이다

▷ AI원어민 녹음파일

- rob
  빼앗다
- drive out
  쫓아내다
- shame and dishonor
  수치와 불명예
- wander away
  방황하다
- gulp down
  삼키다

NIrV 영어원문　　　　　　　　　　　　　※ /는 낭독을 할 때 의미덩어리 끊어읽기를 하는 곳

26　A child / who robs his father / and drives out his mother / brings shame / and dishonor.

27　My son, / if you stop listening / to what I teach you, / you will wander away / from the words of knowledge.

28　A dishonest witness / makes fun of what is right.
　　The mouths / of those who do wrong / gulp down evil.

29　Those who make fun of others / will be judged.
　　Foolish people / will be punished.

NIrV 한글번역

²⁶ 아버지의 것을 빼앗고 어머니를 쫓아내는 자식은 수치와 불명예를 가져오리라. ²⁷ 내 아들아, 네가 만일 내가 너에게 가르치는 것을 듣지 아니하면 지식의 말씀에서 멀어져 방황하리라. ²⁸ 정직하지 못한 증인은 의로운 일을 조롱한다. 악을 행하는 자의 입은 악을 삼키리라. ²⁹ 남을 조롱하는 자는 심판을 받을 것이다. 미련한 사람들은 벌을 받으리라.

개역개정판 성경

²⁶ 아비를 구박하고 어미를 쫓아내는 자는 부끄러움을 끼치며 능욕을 부르는 자식이니라 ²⁷ 내 아들아 지식의 말씀에서 떠나게 하는 교훈을 듣지 말지니라 ²⁸ 망령된 증인은 정의를 업신여기고 악인의 입은 죄악을 삼키느니라 ²⁹ 심판은 거만한 자를 위하여 예비된 것이요 채찍은 어리석은 자의 등을 위하여 예비된 것이니라

■ 영어필사노트

■ 영어낭독실천

▷ 낭독실천가이드

☑ 순서

낭독녹음 저장 → 카페 접속 → 녹음파일 업로드 → 응원댓글달기

☑ Check-Up ☐ 녹음파일 업로드 ☐ 응원댓글달기

20장

Avoid anyone
who talks too much

말이 많은 사람은 멀리 하라

Avoiding a fight brings honor to a man

싸움을 피하는 것은 사람을 존귀하게 한다

▷ AI원어민 녹음파일

NIrV 영어원문   ※ /는 낭독을 할 때 의미덩어리 끊어읽기를 하는 곳

1   Wine causes you / to make fun of others, / and beer causes you / to start fights.
    Anyone / who is led astray by them / is not wise.

2   A king's anger / brings terror / like a lion's roar.
    Anyone / who makes him angry / may lose his life.

3   Avoiding a fight / brings honor to a man.
    But every foolish person / is quick to argue.

4   Anyone who refuses to work / doesn't plow / in the right season.
    When he looks for a crop / at harvest time, / he doesn't find it.

- **cause A to+동사**
  A가 ~하게 하다
- **lead astray**
  미혹시키다, 타락시키다
- **terror**
  공포
- **roar**
  으르렁거림, 포효
- **plow**
  밭을 갈다
- **crop**
  곡식, 곡물

NIrV 한글번역

¹ 포도주는 남을 조롱하게 하고, 맥주는 싸움을 시작하게 만든다. 그것들에 미혹되는 사람은 지혜롭지 못하다. ² 왕의 분노는 사자의 포효와 같이 공포를 불러일으킨다. 그를 화나게 하는 사람은 누구든지 목숨을 잃을 수 있다. ³ 싸움을 피하는 것은 사람을 존귀하게 한다. 그러나 어리석은 사람은 빨리 말다툼을 한다. ⁴ 일하기를 거부하는 사람은 제때 밭을 갈지 않는다. 추수 때에 곡식을 찾아도 찾지 못하리라.

개역개정판 성경

¹ 포도주는 거만하게 하는 것이요 독주는 떠들게 하는 것이라 이에 미혹되는 자마다 지혜가 없느니라 ² 왕의 진노는 사자의 부르짖음 같으니 그를 노하게 하는 것은 자기의 생명을 해하는 것이니라 ³ 다툼을 멀리 하는 것이 사람에게 영광이거늘 미련한 자마다 다툼을 일으키느니라 ⁴ 게으른 자는 가을에 밭 갈지 아니하나니 그러므로 거둘 때에는 구걸할지라도 얻지 못하리라

■ 영어필사노트

■ 영어낭독실천

▷ 낭독실천가이드

☑ 순서

낭독녹음 저장 → 카페 접속 → 녹음파일 업로드 → 응원댓글달기

☑ Check-Up ☐ 녹음파일 업로드 ☐ 응원댓글달기

No one can say, "I'm clean"

"나는 깨끗하다"고 말할 수 있는 사람은 아무도 없다.

▷ AI원어민 녹음파일

VOCA
CHECK

- **purpose**
  목적, 뜻
- **bring out**
  이끌어 내다
- **claim**
  주장하다
- **throne**
  왕좌
- **get rid of**
  없애다, 제거하다
- **pure**
  순수한, 순결한

NIrV 영어원문   ※ /는 낭독을 할 때 의미덩어리 끊어읽기를 하는 곳

5   The purposes of a man's heart / are like deep water.
      But a man who has understanding / brings them out.

6   Many claim to have love / that never fails.
      But who can find / a faithful man?

7   Anyone who does what is right / lives without blame.
      Blessed are his children / after him.

8   A king sits on his throne / to judge.
      He gets rid of all evil / when he sees it.

9   No one can say, / "I have kept my heart / pure.
      I'm clean. I haven't sinned."

NIrV 한글번역

5 사람의 마음의 뜻은 깊은 물과 같다. 그러나 깨달음을 얻은 사람은 그것을 이끌어 내느니라. 6 많은 사람들이 결코 실패하지 않는 사랑이 있다고 주장한다. 그러나 누가 충실한 사람을 찾을 수 있는가? 7 옳은 일을 행하는 사람은 흠 없이 산다. 그의 뒤를 이은 자녀들은 복이 있도다. 8 왕이 자기 왕좌에 앉아 재판을 한다. 그가 악을 볼 때 모든 악을 없애버리리라. 9 "내 마음을 순결하게 지켰다. 나는 깨끗하다. 죄를 짓지 않았다."고 말할 수 있는 사람은 아무도 없다.

개역개정판 성경

5 사람의 마음에 있는 모략은 깊은 물 같으니라 그럴지라도 명철한 사람은 그것을 길어 내느니라 6 많은 사람이 각기 자기의 인자함을 자랑하나니 충성된 자를 누가 만날 수 있으랴 7 온전하게 행하는 자가 의인이라 그의 후손에게 복이 있느니라 8 심판 자리에 앉은 왕은 그의 눈으로 모든 악을 흩어지게 하느니라 9 내가 내 마음을 정하게 하였다 내 죄를 깨끗하게 하였다 할 자가 누구냐

■ 영어필사노트

■ 영어낭독실천

▷ 낭독실천가이드

☑ 순서

낭독녹음 저장 → 카페 접속 → 녹음파일 업로드 → 응원댓글달기

☑ Check-Up ☐ 녹음파일 업로드 ☐ 응원댓글달기

20:10-13 Don't love sleep and stay awake
잠을 사랑하지 말고 깨어 있으라

▷ AI원어민 녹음파일

- weight
  무게, 무게 추
- weigh
  무게가 나가다
- measure
  측량(치), 측량하다
- conduct
  행동, 행위
- stay awake
  깨어 있다

NIrV 영어원문   ※ /는 낭독을 할 때 의미덩어리 끊어읽기를 하는 곳

10 The Lord hates two things.
He hates weights / that weigh things heavier / or lighter / than they really are.
He also hates measures / that measure things larger / or smaller / than they really are.

11 A child / is known by his actions.
He is known by / whether his conduct / is pure and right.

12 The Lord / has made two things.
He has made ears / that hear.
He has also made eyes / that see.

13 Don't love sleep, / or / you will become poor.
Stay awake, / and / you will have more food / than you need.

NIrV 한글번역

10 주님께서는 두 가지를 싫어하신다. 그 분은 물건의 무게가 실제보다 무겁거나 가볍게 나가는 추를 싫어하신다. 그 분은 또한 물건의 측량치가 실제보다 더 크거나 작은 측량기도 싫어하신다. 11 아이는 행동으로 알 수 있다. 그의 행실이 순결하고 의로운지 알 수 있다. 12 주님께서는 두 가지를 만드셨다. 그 분은 듣는 귀를 만드셨다. 또 그 분은 보는 눈도 만드셨다. 13 잠을 사랑하지 말라. 그렇지 않으면 가난해지리라. 깨어 있으라. 그러면 필요한 것보다 더 많은 양식을 얻으리라.

개역개정판 성경

10 한결같지 않은 저울 추와 한결같지 않은 되는 다 여호와께서 미워하시느니라 11 비록 아이라도 자기의 동작으로 자기 품행이 청결한 여부와 정직한 여부를 나타내느니라 12 듣는 귀와 보는 눈은 다 여호와께서 지으신 것이니라 13 너는 잠자기를 좋아하지 말라 네가 빈궁하게 될까 두려우니라 네 눈을 뜨라 그리하면 양식이 족하리라

■ 영어필사노트

■ 영어낭독실천

☑ 순서

낭독녹음 저장 → 카페 접속 → 녹음파일 업로드 → 응원댓글달기

▷ 낭독실천가이드

☑ Check-Up ☐ 녹음파일 업로드 ☐ 응원댓글달기

Food gained by cheating tastes sweet
속임수로 얻은 음식은 맛이 달다

▷ AI원어민 녹음파일

· no good
  쓸모없는

· brag about
  자랑하다

· priceless
  값을 매길 수 없는

· plenty of
  많은

· cheat
  속이다

· end up with
  결국 ~ 되다

· gravel
  자갈

NIrV 영어원문   ※ /는 낭독을 할 때 의미덩어리 끊어읽기를 하는 곳

14 "It's no good. It's no good!" / says a buyer.
Then / off he goes / and brags about / what he bought.

15 There is gold. There are plenty of rubies.
But lips that speak knowledge / are a priceless jewel.

16 Take the coat of one / who puts up money / for what a stranger owes.
Hold it / until you get paid back / if he does it / for an outsider.

17 Food / gained by cheating / tastes sweet.
But you will end up / with a mouth / full of gravel.

NIrV 한글번역

14 "좋지 않아. 쓸모가 없어!" 구매자가 말한다. 그런 다음 그는 가서 자기가 산 것에 대해 자랑한다. 15 금이 있다. 루비가 많이 있다. 그러나 지식을 말하는 입술은 값을 매길 수 없는 보석이다. 16 낯선 사람이 빚진 것을 위해 돈을 모으는 사람의 옷을 가져가라. 그가 남을 위해 그리 하였다면 네게 빚을 갚을 때까지 그것(옷)을 갖고 있어라. 17 속임수로 얻은 음식은 맛이 달다. 그러나 결국 네 입에 자갈이 가득차리라.

개역개정판 성경

14 물건을 사는 자가 좋지 못하다 좋지 못하다 하다가 돌아간 후에는 자랑하느니라 15 세상에 금도 있고 진주도 많거니와 지혜로운 입술이 더욱 귀한 보배니라 16 타인을 위하여 보증 선 자의 옷을 취하라 외인들을 위하여 보증 선 자는 그의 몸을 볼모 잡을지니라 17 속이고 취한 음식물은 사람에게 맛이 좋은 듯하나 후에는 그의 입에 모래가 가득하게 되리라

■ 영어필사노트

■ 영어낭독실천

▷ 낭독실천가이드

☑ 순서

낭독녹음 저장 → 카페 접속 → 녹음파일 업로드 → 응원댓글달기

☑ Check-Up   ☐ 녹음파일 업로드   ☐ 응원댓글달기

Avoid anyone who talks too much

말이 너무 많은 사람은 피하여라

▷ AI원어민 녹음파일

- guidance
  지도, 인도
- call down curses on ~
  ~를 저주/악담 하다
- be blown out
  꺼지다
- in total darkness
  깜깜한 어둠
- gain property
  재산을 얻다

NIrV 영어원문　　　　　　　　　※ /는 낭독을 할 때 의미덩어리 끊어읽기를 하는 곳

18　Make plans / by asking for guidance.
　　If you go to war, / get good advice.

19　A person who talks about others / tells secrets.
　　So avoid anyone / who talks too much.

20　If anyone calls down curses / on his father or mother, / his lamp will
　　be blown out / in total darkness.

21　Property / you gain quickly / at the beginning / will not be blessed
　　/ in the end.

NIrV 한글번역

18 지도를 부탁하며 계획을 세우라. 전쟁터에 나가면 좋은 조언을 얻어라. 19 남의 이야기를 하는 사람은 비밀을 말한다. 그러므로 말이 너무 많은 사람은 피하여라.
20 누구든지 자기 아버지나 어머니에 대해 악담을 하면 그의 등불이 깜깜한 어둠 속에서 꺼지리라. 21 처음에 빨리 얻은 재산은 결국 축복을 받지 못할 것이다.

개역개정판 성경

18 경영은 의논함으로 성취하나니 지략을 베풀고 전쟁할지니라 19 두루 다니며 한담하는 자는 남의 비밀을 누설하나니 입술을 벌린 자를 사귀지 말지니라 20 자기의 아비나 어미를 저주하는 자는 그의 등불이 흑암 중에 꺼짐을 당하리라 21 처음에 속히 잡은 산업은 마침내 복이 되지 아니하느니라

■ 영어필사노트

■ 영어낭독실천

▷ 낭독실천가이드

☑ 순서

낭독녹음 저장 → 카페 접속 → 녹음파일 업로드 → 응원댓글달기

☑ Check-Up

☐ 녹음파일 업로드   ☐ 응원댓글달기

The Lord directs a man's steps
주님께서 사람의 걸음을 인도하신다

▷ AI원어민 녹음파일

· get even with ~
~에게 (되)갚아주다

· scale
저울

· direct
인도하다

· be trapped
덫에 빠지다

· make a hasty promise
성급히 약속하다

NIrV 영어원문　　　　　　　　　　※ /는 낭독을 할 때 의미덩어리 끊어읽기를 하는 곳

22 Don't say, / "I'll get even with you / for the wrong / you did to me!"
Wait for the Lord, / and he will save you.

23 The Lord hates weights / that weigh things heavier / or lighter /
than they really are.
Scales that are not honest / don't please him.

24 The Lord directs a man's steps.
So / how can anyone / understand his own way?

25 A man is trapped / if he makes a hasty promise to God / and only
later / thinks about what he said.

NIrV 한글번역

22 "네가 내게 한 잘못을 내가 너에게 갚겠다!"라고 말하지 말라. 주님을 기다리라. 그리하면 그 분이 너를 구원하시리라. 23 주님은 물건의 무게가 실제보다 무겁거나 가볍게 나가는 추를 싫어하신다. 정직하지 못한 저울은 그 분을 기쁘시게 하지 못한다. 24 주님께서 사람의 걸음을 인도하신다. 그렇다면 사람이 어떻게 자기의 길을 깨달을 수 있나요? 25 사람이 하나님께 성급히 약속하고 나중에서야 자기가 한 말에 대해 생각하면 덫에 빠진다.

개역개정판 성경

22 너는 악을 갚겠다 말하지 말고 여호와를 기다리라 그가 너를 구원하시리라 23 한결같지 않은 저울 추는 여호와께서 미워하시는 것이요 속이는 저울은 좋지 못한 것이니라 24 사람의 걸음은 여호와로 말미암나니 사람이 어찌 자기의 길을 알 수 있으랴 25 함부로 이 물건은 거룩하다 하여 서원하고 그 후에 살피면 그것이 그 사람에게 덫이 되느니라

■ 영어필사노트

■ 영어낭독실천

▷ 낭독실천가이드

☑ 순서

낭독녹음 저장 → 카페 접속 → 녹음파일 업로드 → 응원댓글달기

☑ Check-Up ☐ 녹음파일 업로드 ☐ 응원댓글달기

20:26-30 The lamp of the Lord searches a man's heart
주님의 등불은 사람의 마음을 살핀다

▷ AI원어민 녹음파일

VOCA CHECK

· get rid of
없애버리다
· thresh
타작하다
· search
살피다
· gray
회색, 허옇게 된
· be proud of
자랑스러워 하다
· blow
주먹질
· wound
상처

NIrV 영어원문　　　　　　　　　　※ /는 낭독을 할 때 의미덩어리 끊어읽기를 하는 곳

26　A wise king / gets rid of evil people.
　　He runs the threshing wheel / over them.

27　The lamp of the Lord / searches a man's heart.
　　It searches deep down / inside him.

28　Love and truth / keep a king / safe.
　　Faithful love / makes his throne / secure.

29　Young men / are proud of their strength.
　　Gray hair / brings honor / to old men.

30　Blows and wounds / wash evil away.
　　And beatings / make you pure / deep down inside.

NIrV 한글번역

²⁶ 지혜로운 왕은 악한 사람들을 없애버린다. 그들 위에 타작하는 바퀴를 굴린다. ²⁷ 주님의 등불은 사람의 마음을 살핀다. 그의 내면 깊숙한 곳을 살핀다. ²⁸ 사랑과 진리는 왕을 안전하게 지켜준다. 신실한 사랑은 그의 보좌를 굳건하게 하리라. ²⁹ 젊은이는 자신의 힘을 자랑스러워 한다. 허옇게 된 머리는 노인에게 명예를 안겨준다. ³⁰ 주먹질과 상처는 악을 씻어 버린다. 그리고 매질은 너를 내면 깊숙한 곳까지 순수하게 만든다.

개역개정판 성경

²⁶ 지혜로운 왕은 악인들을 키질하며 타작하는 바퀴를 그들 위에 굴리느니라 ²⁷ 사람의 영혼은 여호와의 등불이라 사람의 깊은 속을 살피느니라 ²⁸ 왕은 인자와 진리로 스스로 보호하고 그의 왕위도 인자함으로 말미암아 견고하니라 ²⁹ 젊은 자의 영화는 그의 힘이요 늙은 자의 아름다움은 백발이니라 ³⁰ 상하게 때리는 것이 악을 없이하나니 매는 사람 속에 깊이 들어가느니라

■ 영어필사노트

■ 영어낭독실천

▷ 낭독실천가이드

☑ 순서

낭독녹음 저장 → 카페 접속 → 녹음파일 업로드 → 응원댓글달기

☑ Check-Up ☐ 녹음파일 업로드 ☐ 응원댓글달기

Give
without holding back

남기지 말고 베풀라

Do what is right and fair
올바르고 공정한 일을 하라

▷ AI원어민 녹음파일

VOCA CHECK

· **stream of water**
  물줄기
· **fair**
  공평한, 공정한
· **accept**
  받아들이다
· **sacrifice**
  희생, 제사
· **proud**
  교만한
· **sinful**
  악한, 죄 많은

NIrV 영어원문
※ /는 낭독을 할 때 의미덩어리 끊어읽기를 하는 곳

1 The king's heart / is in the Lord's hand.
   He directs it / like a stream of water / anywhere he pleases.

2 Everything a man does / might seem right to him.
   But the Lord / knows what he is thinking.

3 Do what is right / and fair.
   The Lord accepts that / more than sacrifices.

4 Proud eyes / and a proud heart / are the lamp of sinful people.
   But those things / are evil.

NIrV 한글번역

¹ 왕의 마음은 주님의 손 안에 있다. 그 마음을 원하는 곳 어디든지 물줄기처럼 인도하리라. ² 사람이 하는 모든 일이 자기에게는 옳아 보인다. 그러나 주님께서는 그가 무슨 생각을 하고 있는지 알고 계신다. ³ 올바르고 공정한 일을 하라. 주님께서는 그것을 제사보다 더 많이 받으신다. ⁴ 교만한 눈과 오만한 마음은 악인의 등불이다. 그러나 그런 것들은 악하다.

개역개정판 성경

¹ 왕의 마음이 여호와의 손에 있음이 마치 봇물과 같아서 그가 임의로 인도하시느니라 ² 사람의 행위가 자기 보기에는 모두 정직하여도 여호와는 마음을 감찰하시느니라 ³ 공의와 정의를 행하는 것은 제사 드리는 것보다 여호와께서 기쁘게 여기시느니라 ⁴ 눈이 높은 것과 마음이 교만한 것과 악인이 형통한 것은 다 죄니라

■ 영어필사노트

■ 영어낭독실천

☑ 순서

낭독녹음 저장 → 카페 접속 → 녹음파일 업로드 → 응원댓글달기

☑ Check-Up ☐ 녹음파일 업로드 ☐ 응원댓글달기

▷ 낭독실천가이드

The plans of people who work hard succeed
열심히 일하는 사람들의 계획은 성공한다

▷ AI원어민 녹음파일

- in a hurry
  서두르는
- make a fortune
  재산을 이루다
- harmful
  해로운
- amount to nothing
  물거품이 되다
- drag away
  끌고 가다
- crooked
  굽은

NIrV 영어원문   ※ /는 낭독을 할 때 의미덩어리 끊어읽기를 하는 곳

5   The plans / of people who work hard / succeed.
    You can be sure that / those in a hurry / will become poor.

6   A fortune / made by people who tell lies / amounts to nothing / and
    leads to death.

7   The harmful things / that evil people do / will drag them away.
    They refuse / to do what is right.

8   The path / of those who are guilty / is crooked.
    But the conduct / of those who are not guilty / is honest.

9   It is better to live / on a corner of a roof / than / to share a house /
    with a nagging wife.

NIrV 한글번역

5 열심히 일하는 사람들의 계획은 성공한다. 서두르는 자들은 확실히 가난해지리라.
6 거짓말 하는 자가 이룬 재산은 물거품이 되고 사망에 이르게 한다. 7 악한 사람들이
행하는 해로운 일들이 그들(악한 사람들)을 끌고 가리라. 그들은 옳은 일을 하기를 거부한
다. 8 죄인의 길은 굽어 있다. 그러나 죄가 없는 이들의 행동은 정직하다. 9 잔소리하는
아내와 한 집에서 사는 것보다 지붕 모퉁이에서 사는 게 낫다.

개역개정판 성경

5 부지런한 자의 경영은 풍부함에 이를 것이나 조급한 자는 궁핍함에 이를 따름이니라
6 속이는 말로 재물을 모으는 것은 죽음을 구하는 것이라 곧 불려다니는 안개니라 7 악
인의 강포는 자기를 소멸하나니 이는 정의를 행하기 싫어함이니라 8 죄를 크게 범한
자의 길은 심히 구부러지고 깨끗한 자의 길은 곧으니라 9 다투는 여인과 함께 큰 집에
서 사는 것보다 움막에서 사는 것이 나으니라

■ 영어필사노트

■ 영어낭독실천

▷ 낭독실천가이드

☑ 순서

낭독녹음 저장 → 카페 접속 → 녹음파일 업로드 → 응원댓글달기

☑ Check-Up   ☐ 녹음파일 업로드   ☐ 응원댓글달기

God knows where sinners live

하나님께서는 악인들이 어디에 사는지 알고 계신다

▷ AI원어민 녹음파일

· long
  갈망하다, 사모하다
· mercy
  자비
· the Blameless One
  흠 없으신 분, 하나님
· refuse
  거부하다
· destroy
  멸망시키다
· cry out
  부르짖다

NIrV 영어원문
※ /는 낭독을 할 때 의미덩어리 끊어읽기를 하는 곳

10 A sinful person / longs to do evil.
   He doesn't show his neighbor / any mercy.

11 When you punish someone / who makes fun of others, / childish
   people get wise.
   If you teach a person / who is already wise, / he will get / even more
   knowledge.

12 The Blameless One knows / where sinners live.
   And / he destroys them.

13 If you refuse to listen / to the cries of poor people, / you too / will
   cry out / and not be answered.

NIrV 한글번역

10 죄를 짓는 사람은 악을 행하기를 사모한다. 이웃에게 자비를 베풀지 않는다. 11 남을
조롱하는 사람을 벌하면 철없는 사람들도 지혜롭게 된다. 이미 지혜 있는 사람을 가르
치면 그가 더 많은 지식을 얻으리라. 12 흠 없으신 분(하나님)께서는 악인들이 어디에 사
는지 알고 계신다. 그리고 그들을 멸망케 하리라. 13 가난한 사람들의 부르짖음을 듣지
아니하면 너희가 부르짖어도 응답을 받지 못하리라.

개역개정판 성경

10 악인의 마음은 남의 재앙을 원하나니 그 이웃도 그 앞에서 은혜를 입지 못하느니라
11 거만한 자가 벌을 받으면 어리석은 자도 지혜를 얻겠고 지혜로운 자가 교훈을 받으
면 지식이 더하리라 12 의로우신 자는 악인의 집을 감찰하시고 악인을 환난에 던지시
느니라 13 귀를 막고 가난한 자가 부르짖는 소리를 듣지 아니하면 자기가 부르짖을 때
에도 들을 자가 없으리라

■ 영어필사노트

■ 영어낭독실천

▷ 낭독실천가이드

☑ 순서

낭독녹음 저장 → 카페 접속 → 녹음파일 업로드 → 응원댓글달기

☑ Check-Up ☐ 녹음파일 업로드 ☐ 응원댓글달기

21:14-18 A hidden favor softens great anger

숨겨진 호의는 커다란 분노를 누그러뜨린다

▷ AI원어민 녹음파일

- calm down
  가라앉히다
- hidden favor
  숨겨진 호의
- soften
  누그러뜨리다
- end up with ~
  결국 ~가 되다
- pleasure
  쾌락
- pay the price
  대가를 치르다

NIrV 영어원문   ※ /는 낭독을 할 때 의미덩어리 끊어읽기를 하는 곳

14　A secret gift / calms anger down.
　　A hidden favor / softens great anger.

15　When you do / what is fair, / you make godly people / glad.
　　But you terrify / those who do what is evil.

16　A man / who leaves the path of understanding / ends up with / those
　　who are dead.

17　Anyone who loves pleasure / will become poor.
　　Anyone / who loves wine and olive oil / will never be rich.

18　Those who do what is evil / pay the price / for setting godly people
　　/ free.
　　Those who aren't faithful / pay the price / for honest people.

NIrV 한글번역

14 은밀한 선물은 화를 가라앉힌다. 숨겨진 호의는 커다란 분노를 누그러뜨리리라.
15 공정한 일을 하면 경건한 사람들을 기쁘게 하는 것이다. 그러나 악을 행하는 자들을
두렵게 하리라. 16 깨달음의 길을 떠난 사람은 결국 죽은 자가 되리라. 17 쾌락을 사랑
하는 자는 가난해질 것이다. 포도주와 올리브 기름을 사랑하는 자는 결코 부자가 되지
못하리라. 18 악한 일을 행하는 자는 경건한 사람을 자유롭게 하기 위한 대가를 치른
다. 신실하지 못한 자는 정직한 사람을 위해 대가를 치르리라.

개역개정판 성경

14 은밀한 선물은 노를 쉽게 하고 품 안의 뇌물은 맹렬한 분을 그치게 하느니라 15 정
의를 행하는 것이 의인에게는 즐거움이요 죄인에게는 패망이니라 16 명철의 길을 떠난
사람은 사망의 회중에 거하리라 17 연락을 좋아하는 자는 가난하게 되고 술과 기름을
좋아하는 자는 부하게 되지 못하느니라 18 악인은 의인의 속전이 되고 사악한 자는 정
직한 자의 대신이 되느니라

■ 영어필사노트

■ 영어낭독실천

▷ 낭독실천가이드

☑ 순서

낭독녹음 저장 → 카페 접속 → 녹음파일 업로드 → 응원댓글달기

☑ Check-Up ☐ 녹음파일 업로드 ☐ 응원댓글달기

21:19-22 A foolish man eats up everything he has
미련한 사람은 자기가 가진 것을 다 먹어치운다

▷ AI원어민 녹음파일

VOCA CHECK

· desert
  사막, 광야
· nagging
  잔소리가 많은
· store up
  쌓아 놓다
· eat up
  다 먹어치우다
· godly
  경건한
· attack
  공격하다
· pull down
  무너뜨리다

NIrV 영어원문   ※ /는 낭독을 할 때 의미덩어리 끊어읽기를 하는 곳

19 It is better / to live in a desert / than to live with a nagging, / angry wife.

20 The best food and olive oil / are stored up / in the houses of wise people.
    But a foolish man / eats up everything / he has.

21 Anyone who wants to be godly / and loving / finds life, / success / and honor.

22 Those who are wise / can attack a strong city.
    They can pull down / the place of safety / its people trust in.

NIrV 한글번역

19 잔소리하고 화내는 아내와 함께 사는 것보다 광야에서 사는 것이 나으리라. 20 가장 좋은 음식과 올리브 기름이 지혜로운 사람의 집에 쌓여 있다. 그러나 미련한 사람은 자기가 가진 것을 다 먹어치운다. 21 경건하고 사랑하기를 원하는 사람은 생명과 성공과 영광을 얻으리라. 22 지혜로운 사람들은 강한 성도 공격할 수 있다. 그곳에 사는 사람들이 믿는 안전한 장소를 무너뜨리리라.

개역개정판 성경

19 다투며 성내는 여인과 함께 사는 것보다 광야에서 사는 것이 나으니라 20 지혜 있는 자의 집에는 귀한 보배와 기름이 있으나 미련한 자는 이것을 다 삼켜 버리느니라 21 공의와 인자를 따라 구하는 자는 생명과 공의와 영광을 얻느니라 22 지혜로운 자는 용사의 성에 올라가서 그 성이 의지하는 방벽을 허느니라

■ 영어필사노트

■ 영어낭독실천

▷ 낭독실천가이드

☑ 순서

낭독녹음 저장 → 카페 접속 → 녹음파일 업로드 → 응원댓글달기

☑ Check-Up   ☐ 녹음파일 업로드   ☐ 응원댓글달기

Godly people give without holding back
경건한 사람들은 아낌없이 베푼다

▷ AI원어민 녹음파일

VOCA CHECK

· keep oneself out of trouble
자신을 곤경에 빠뜨리지 않다

· mocker
조롱꾼

· think too highly of
대단하게 생각하다

· without holding back
아낌없이

NIrV 영어원문   ※ /는 낭독을 할 때 의미덩어리 끊어읽기를 하는 곳

23 Anyone who is careful / about what he says / keeps himself / out of trouble.

24 A proud person / is called a "mocker".
    He thinks much too highly / of himself.

25 Some people will die / while they are still hungry.
    That's because / their hands refuse to work.

26 All day long / they hunger for more.
    But godly people give / without holding back.

NIrV 한글번역

²³ 조심하며 말을 하는 사람은 자신을 곤경에 빠뜨리지 않으리라. ²⁴ 교만한 사람을 "조롱꾼"이라고 부른다. 그는 자기가 대단한 사람이라고 생각한다. ²⁵ 어떤 사람들은 여전히 굶주리면서 죽으리라. 그건 그들의 손이 일하기를 거부하기 때문이다. ²⁶ 하루 종일 그들은 더 많은 걸 가지려 한다. 그러나 경건한 사람들은 아낌없이 베푸리라.

개역개정판 성경

²³ 입과 혀를 지키는 자는 자기의 영혼을 환난에서 보전하느니라 ²⁴ 무례하고 교만한 자를 이름하여 망령된 자라 하나니 이는 넘치는 교만으로 행함이니라 ²⁵ 게으른 자의 욕망이 자기를 죽이나니 이는 자기의 손으로 일하기를 싫어함이니라 ²⁶ 어떤 자는 종일토록 탐하기만 하나 의인은 아끼지 아니하고 베푸느니라

■ 영어필사노트

_____
_____
_____
_____
_____
_____
_____
_____
_____
_____
_____
_____
_____
_____
_____
_____
_____
_____
_____

■ 영어낭독실천

▷ 낭독실천가이드

☑ 순서   낭독녹음 저장 → 카페 접속 → 녹음파일 업로드 → 응원댓글달기

☑ Check-Up   ☐ 녹음파일 업로드   ☐ 응원댓글달기

21:27-31 No wisdom or plan can succeed against the Lord
지혜와 계획도 주님과 맞서서는 이루어질 수 없다

▷ AI원어민 녹음파일

- sacrifice
  희생, 제사
- witness
  증인
- bold
  담대한
- against the Lord
  주님과 맞서서
- prepare
  준비하다
- battle
  전투, 전쟁

NIrV 영어원문   ※ /는 낭독을 할 때 의미덩어리 끊어읽기를 하는 곳

27 God hates sacrifices / that are brought by evil people.
    He hates it even more / when they bring them / for the wrong reason.

28 Witnesses who aren't honest / will die.
    And anyone / who listens to them / will be destroyed / forever.

29 A sinful man / tries to look / as if he were bold.
    But an honest person / thinks about / how he lives.

30 No wisdom, / wise saying or plan / can succeed / against the Lord.

31 You can prepare a horse / for the day of battle.
    But the power to win / comes from the Lord.

NIrV 한글번역

27 하나님은 악한 사람들이 드리는 제사를 싫어하신다. 악한 이유로 가져오면 더 싫어하신다. 28 정직하지 않은 증인은 죽으리라. 그리고 그의 말을 듣는 자는 영원히 멸망하리라. 29 악인은 담대하게 보이려고 애쓴다. 그러나 정직한 사람은 어떻게 살지를 생각한다. 30 지혜와 지혜로운 말과 계획도 주님과 맞서서는 이루어질 수 없으리라. 31 전쟁의 날을 위해 말을 준비할 수 있다. 그러나 이기는 힘은 주님께로부터 온다.

개역개정판 성경

27 악인의 제물은 본래 가증하거든 하물며 악한 뜻으로 드리는 것이랴 28 거짓 증인은 패망하려니와 확실히 들은 사람의 말은 힘이 있느니라 29 악인은 자기의 얼굴을 굳게 하나 정직한 자는 자기의 행위를 삼가느니라 30 지혜로도 못하고, 명철로도 못하고 모략으로도 여호와를 당하지 못하느니라 31 싸울 날을 위하여 마병을 예비하거니와 이김은 여호와께 있느니라

■ 영어필사노트

■ 영어낭독실천

▷ 낭독실천가이드

☑ 순서

낭독녹음 저장 → 카페 접속 → 녹음파일 업로드 → 응원댓글달기

☑ Check-Up ☐ 녹음파일 업로드 ☐ 응원댓글달기

폰을 원어민으로 변신시켜
영어말하기미션 게임하는 법

준비물

핸드폰 + 영어미션표 + 타이머

게임방법

1. 핸드폰에서 **구글 어시스턴트 앱을 실행**하고,
   Flip a coin이라고 말해 플레이 순서를 결정한다.
   ※ 구글플레이/앱스토어에서 구글 어시스턴트 앱을 무료로 다운받을 수 있음.

▷ 게임 가이드

2. **타이머를 작동**시킨 후,
   첫 플레이어가 구글 어시스턴트에게 아래 중 하나를 말하고,
   AI원어민이 숫자를 말해주면,
   영어미션표의 숫자에 해당하는 낭독미션을 수행한다.
   - Roll a die 또는 Roll 2/3/4 dice
   - Random number X to Y(예: Random number 1 to 24)

3. **미션에 성공**한 경우, 영어미션표에 표시된 점수를 얻으며, 그 점수를 기록한다.
   실패한 경우엔, 다음 플레이어에게 기회가 넘어간다.

4. 이런 식으로 **플레이 순서에 따라 게임**을 계속한다.
   ※ 1라운드 게임시간: 5~10분

5. 게임 종료 후, **가장 많은 점수**를 얻은 플레이어가 Winner!

사용시 주의 사항

구글 어시스턴트에서는 꼭 4색 아이콘이 움직이는 것을 확인 후 말한다!

영어미션표

DOUBLE	MINUS10	PASS	ENCORE
현재점수×2	10점 빼기	차례 넘기기	한번 더하기

▷ PDF인쇄하기

📢 **Repeat after me**

다음의 3개 의미단위들을 조합해 문장으로 말하세요!

1. Please tell me about yourself. [2]
2. Repeat after me, "has the power + your tongue + of life and death" [3]
3. How do you say "McDonald's" in Japanese? [2]
4. **ENCORE**
5. Repeat after me, "who talk a lot + those + are likely to sin" [3]
6. What's your favorite school subject? [2]
7. (−) What is 32 minus 11? [2]
8. Repeat after me, "where your steps + will take you + the Lord decides" [4]
9. **DOUBLE**
10. Repeat after me, "when + shame follows + pride comes" [3]
11. Repeat after me, "but + get even richer + some give freely" [3]
12. What day is it today? [1]
13. Repeat after me, "who walks with wise people +anyone + grows wise" [4]
14. Cry like a baby [1]
15. Repeat after me, "a peaceful heart + to the body + gives life" [3]
16. **MINUS10**
17. Who is the president of America? [2]
18. (+) What is 23 plus 12? [2]
19. Repeat after me, "hard work + pays off + all" [3]
20. Repeat after me, "foolish and shameful+is+to answer before listening" [4]
21. What sound does a penguin make? [2]
22. **PASS**
23. Repeat after me, "without good advice + fail + plans" [3]
24. Take care. Have a nice day! [2]

암송하면 좋은
Repeat after me

문장 10
[Book 2]

1. Those who talk a lot are likely to sin. (10:19)

2. When pride comes, shame follows. (11:2)

3. Some give freely but get even richer. (11:24)

4. Anyone who walks with wise people grows wise. (13:20)

5. All hard work pays off. (14:23)

6. A peaceful heart gives life to the body. (14:30)

7. Plans fail without good advice. (15:22)

8. The Lord decides where your steps will take you. (16:9)

9. To answer before listening is foolish and shameful. (18:13)

10. Your tongue has the power of life and death. (18:21)

문장 30
[Book 1+2+3]

1. If you really want to gain knowledge, you must begin by having respect for the Lord. (1:7)

2. Wisdom will save you from the ways of evil men. (2:12)

3. Don't hold back good from those who are worthy of it. (3:27)

4. Value wisdom, and she will lift you up. (4:8)

5. Above everything else, guard your heart. (4:23)

6. The Lord watches a man's ways. (5:21)

7. Don't agree to pay up for someone else. (6:1)

8. Don't be trapped by what you have said. (6:2)

9. To have respect for the Lord is to hate evil. (8:13)

10. If you are wise, your wisdom will reward you. (9:12)

11. Those who talk a lot are likely to sin. (10:19)

12. When pride comes, shame follows. (11:2)

13. Some give freely but get even richer. (11:24)

14. Anyone who walks with wise people grows wise. (13:20)

15. All hard work pays off. (14:23)

16. A peaceful heart gives life to the body. (14:30)

17. Plans fail without good advice. (15:22)

18. The Lord decides where your steps will take you. (16:9)

19. To answer before listening is foolish and shameful. (18:13)

20. Your tongue has the power of life and death. (18:21)

21. Wise people see danger and go to a safe place. (22:3)

22. Don't go around with a person who gets angry easily. (22:24)

23. Don't wear yourself out to get rich. (23:4)

24. A man who argues stirs up fights. (26:21)

25. Don't brag about tomorrow. (27:1)

26. Being warned openly is better than being loved in secret. (27:5)

27. As iron sharpens iron, so one person sharpens another. (27:17)

28. A man is tested by the praise he receives. (27:21)

29. Anyone who chases dreams will be very poor. (28:19)

30. A wise person keeps himself under control. (29:11)

[교회 공지]
주일학교 프로그램이 궁금해요.

궁금증 1.

**주일학교에서도
이 책을
사용할 수 있나요?**

네. 가능합니다.
책의 기획 단계부터 주일학교 프로그램 운영을 염두에 두었습니다.
특히 이 책을 주일학교 교사들이 효과적으로 활용하면,
코로나 이후 교육 트렌드인 대면과 비대면을 혼합한 '블렌디드 러닝'을
실행할 수 있습니다.

궁금증 2.

**그럼 어떻게
시작하면 되나요?**

먼저 워크숍 형식의 설명회에 참석하세요.
그래서 자세한 내용을 들은 후 결정하면 됩니다.
또 실행 결정을 위한 멘토링 상담도 해드립니다.

궁금증 3.

**교사 교육과
커리큘럼도
제공되나요?**

네. 만약 실행을 결정하셨다면,
운영 및 커리큘럼 수립에 필요한 맞춤형 자문을 해드립니다.
또 신입 및 보수 교사 교육도 정기적으로 제공합니다.

궁금증 4.

5060 시니어
성도들도
참여가 가능한가요?

네. 저출산 고령화를 겪고 있는 서구와 일본의 요즘 화두는
'멀티-제너레이션' 즉 세대간 어울림입니다.
즉 시니어 세대가 어린이들과 소통하며 즐기는 놀이보육이 트렌드입니다.
이처럼 시니어 성도들이 티처가 아니라 멘토가 되어
어린이들과 교류하는 프로그램은 시대적 요청이기도 합니다.
그런데 이것이 가능하려면 체계적인 시스템과 교육 서포트가 필수인데
이를 적극 도와드립니다.

궁금증 5.

주일학교 활성화에
도움이 될까요?

네. 21세기의 교회 미션은
'지역 사회에 선한 영향력을 끼치는 것'이라고 믿습니다.
영어필사낭독과 삶의 지혜가 담긴 잠언을 결합한 특화된 영어 프로그램은
지역 내 비신자 부모들에게도 어필할 수 있는 좋은 전도 도구가 될 것입니다.

문의

워크숍 설명회 참석 문의는 ☎031)959-8833 으로 전화바랍니다.

유럽
Europe

아시아
Asia

아프리카
Africa

인도양
Indian
Ocean

오세아니아
Oceania

북극해
Arctic Ocean

북아메리카
North America

태평양
Pacific Ocean

남극해
Southern Ocean

대서양
Atlantic Ocean

남아메리카
South America

■ 영어필사노트

■ 영어낭독실천

▷ 낭독실천가이드

☑ 순서

낭독녹음 저장 → 카페 접속 → 녹음파일 업로드 → 응원댓글달기

☑ Check-Up   ☐ 녹음파일 업로드   ☐ 응원댓글달기

20:26-30 The lamp of the Lord searches a man's heart
주님의 등불은 사람의 마음을 살핀다

▷ AI원어민 녹음파일

- get rid of
  없애버리다
- thresh
  타작하다
- search
  살피다
- gray
  회색, 허옇게 된
- be proud of
  자랑스러워 하다
- blow
  주먹질
- wound
  상처

NIrV 영어원문   ※ /는 낭독을 할 때 의미덩어리 끊어읽기를 하는 곳

26 A wise king / gets rid of evil people.
    He runs the threshing wheel / over them.

27 The lamp of the Lord / searches a man's heart.
    It searches deep down / inside him.

28 Love and truth / keep a king / safe.
    Faithful love / makes his throne / secure.

29 Young men / are proud of their strength.
    Gray hair / brings honor / to old men.

30 Blows and wounds / wash evil away.
    And beatings / make you pure / deep down inside.

NIrV 한글번역

²⁶ 지혜로운 왕은 악한 사람들을 없애버린다. 그들 위에 타작하는 바퀴를 굴린다. ²⁷ 주님의 등불은 사람의 마음을 살핀다. 그의 내면 깊숙한 곳을 살핀다. ²⁸ 사랑과 진리는 왕을 안전하게 지켜준다. 신실한 사랑은 그의 보좌를 굳건하게 하리라. ²⁹ 젊은이는 자신의 힘을 자랑스러워 한다. 허옇게 된 머리는 노인에게 명예를 안겨준다. ³⁰ 주먹질과 상처는 악을 씻어 버린다. 그리고 매질은 너를 내면 깊숙한 곳까지 순수하게 만든다.

개역개정판 성경

²⁶ 지혜로운 왕은 악인들을 키질하며 타작하는 바퀴를 그들 위에 굴리느니라 ²⁷ 사람의 영혼은 여호와의 등불이라 사람의 깊은 속을 살피느니라 ²⁸ 왕은 인자와 진리로 스스로 보호하고 그의 왕위도 인자함으로 말미암아 견고하니라 ²⁹ 젊은 자의 영화는 그의 힘이요 늙은 자의 아름다움은 백발이니라 ³⁰ 상하게 때리는 것이 악을 없이하나니 매는 사람 속에 깊이 들어가느니라

■ 영어필사노트

■ 영어낭독실천

▷ 낭독실천가이드

☑ 순서

낭독녹음 저장 → 카페 접속 → 녹음파일 업로드 → 응원댓글달기

☑ Check-Up   ☐ 녹음파일 업로드   ☐ 응원댓글달기

21장

Give
without holding back

남기지 말고 베풀라

Do what is right and fair
올바르고 공정한 일을 하라

▷ AI원어민 녹음파일

· stream of water
  물줄기
· fair
  공평한, 공정한
· accept
  받아들이다
· sacrifice
  희생, 제사
· proud
  교만한
· sinful
  악한, 죄 많은

NIrV 영어원문 ※ /는 낭독을 할 때 의미덩어리 끊어읽기를 하는 곳

1 The king's heart / is in the Lord's hand.
   He directs it / like a stream of water / anywhere he pleases.

2 Everything a man does / might seem right to him.
   But the Lord / knows what he is thinking.

3 Do what is right / and fair.
   The Lord accepts that / more than sacrifices.

4 Proud eyes / and a proud heart / are the lamp of sinful people.
   But those things / are evil.

NIrV 한글번역

¹ 왕의 마음은 주님의 손 안에 있다. 그 마음을 원하는 곳 어디든지 물줄기처럼 인도하리라. ² 사람이 하는 모든 일이 자기에게는 옳아 보인다. 그러나 주님께서는 그가 무슨 생각을 하고 있는지 알고 계신다. ³ 올바르고 공정한 일을 하라. 주님께서는 그것을 제사보다 더 많이 받으신다. ⁴ 교만한 눈과 오만한 마음은 악인의 등불이다. 그러나 그런 것들은 악하다.

개역개정판 성경

¹ 왕의 마음이 여호와의 손에 있음이 마치 봇물과 같아서 그가 임의로 인도하시느니라 ² 사람의 행위가 자기 보기에는 모두 정직하여도 여호와는 마음을 감찰하시느니라 ³ 공의와 정의를 행하는 것은 제사 드리는 것보다 여호와께서 기쁘게 여기시느니라 ⁴ 눈이 높은 것과 마음이 교만한 것과 악인이 형통한 것은 다 죄니라

■ 영어필사노트

■ 영어낭독실천

☑ 순서

낭독녹음 저장 → 카페 접속 → 녹음파일 업로드 → 응원댓글달기

▷ 낭독실천가이드

☑ Check-Up ☐ 녹음파일 업로드 ☐ 응원댓글달기

The plans of people who work hard succeed

열심히 일하는 사람들의 계획은 성공한다

▷ AI원어민 녹음파일

· in a hurry
서두르는

· make a fortune
재산을 이루다

· harmful
해로운

· amount to nothing
물거품이 되다

· drag away
끌고 가다

· crooked
굽은

NIrV 영어원문　　　　　　　　　　　　　　　　　※ /는 낭독을 할 때 의미덩어리 끊어읽기를 하는 곳

5　The plans / of people who work hard / succeed.
　　You can be sure that / those in a hurry / will become poor.

6　A fortune / made by people who tell lies / amounts to nothing / and leads to death.

7　The harmful things / that evil people do / will drag them away.
　　They refuse / to do what is right.

8　The path / of those who are guilty / is crooked.
　　But the conduct / of those who are not guilty / is honest.

9　It is better to live / on a corner of a roof / than / to share a house / with a nagging wife.

NIrV 한글번역

5 열심히 일하는 사람들의 계획은 성공한다. 서두르는 자들은 확실히 가난해지리라. 6 거짓말 하는 자가 이룬 재산은 물거품이 되고 사망에 이르게 한다. 7 악한 사람들이 행하는 해로운 일들이 그들(악한 사람들)을 끌고 가리라. 그들은 옳은 일을 하기를 거부한다. 8 죄인의 길은 굽어 있다. 그러나 죄가 없는 이들의 행동은 정직하다. 9 잔소리하는 아내와 한 집에서 사는 것보다 지붕 모퉁이에서 사는 게 낫다.

개역개정판 성경

5 부지런한 자의 경영은 풍부함에 이를 것이나 조급한 자는 궁핍함에 이를 따름이니라 6 속이는 말로 재물을 모으는 것은 죽음을 구하는 것이라 곧 불려다니는 안개니라 7 악인의 강포는 자기를 소멸하나니 이는 정의를 행하기 싫어함이니라 8 죄를 크게 범한 자의 길은 심히 구부러지고 깨끗한 자의 길은 곧으니라 9 다투는 여인과 함께 큰 집에서 사는 것보다 움막에서 사는 것이 나으니라

■ 영어필사노트

_____

_____

_____

_____

_____

_____

_____

_____

_____

_____

_____

_____

_____

_____

_____

_____

_____

_____

_____

_____

_____

_____

■ 영어낭독실천

▷ 낭독실천가이드

☑ 순서

낭독녹음 저장 → 카페 접속 → 녹음파일 업로드 → 응원댓글달기

☑ Check-Up ☐ 녹음파일 업로드 ☐ 응원댓글달기

▷ AI원어민 녹음파일

- **long**
  갈망하다, 사모하다
- **mercy**
  자비
- **the Blameless One**
  흠 없으신 분, 하나님
- **refuse**
  거부하다
- **destroy**
  멸망시키다
- **cry out**
  부르짖다

NIrV 영어원문   ※ /는 낭독을 할 때 의미덩어리 끊어읽기를 하는 곳

10 A sinful person / longs to do evil.
    He doesn't show his neighbor / any mercy.

11 When you punish someone / who makes fun of others, / childish
    people get wise.
    If you teach a person / who is already wise, / he will get / even more
    knowledge.

12 The Blameless One knows / where sinners live.
    And / he destroys them.

13 If you refuse to listen / to the cries of poor people, / you too / will
    cry out / and not be answered.

NIrV 한글번역

¹⁰ 죄를 짓는 사람은 악을 행하기를 사모한다. 이웃에게 자비를 베풀지 않는다. ¹¹ 남을
조롱하는 사람을 벌하면 철없는 사람들도 지혜롭게 된다. 이미 지혜 있는 사람을 가르
치면 그가 더 많은 지식을 얻으리라. ¹² 흠 없으신 분(하나님)께서는 악인들이 어디에 사
는지 알고 계신다. 그리고 그들을 멸망케 하리라. ¹³ 가난한 사람들의 부르짖음을 듣지
아니하면 너희가 부르짖어도 응답을 받지 못하리라.

개역개정판 성경

¹⁰ 악인의 마음은 남의 재앙을 원하나니 그 이웃도 그 앞에서 은혜를 입지 못하느니라
¹¹ 거만한 자가 벌을 받으면 어리석은 자도 지혜를 얻겠고 지혜로운 자가 교훈을 받으
면 지식이 더하리라 ¹² 의로우신 자는 악인의 집을 감찰하시고 악인을 환난에 던지시
느니라 ¹³ 귀를 막고 가난한 자가 부르짖는 소리를 듣지 아니하면 자기가 부르짖을 때
에도 들을 자가 없으리라

■ 영어필사노트

■ 영어낭독실천

▷ 낭독실천가이드

☑ 순서

낭독녹음 저장 → 카페 접속 → 녹음파일 업로드 → 응원댓글달기

☑ Check-Up ☐ 녹음파일 업로드 ☐ 응원댓글달기

A hidden favor softens great anger

숨겨진 호의는 커다란 분노를 누그러뜨린다

▷ AI원어민 녹음파일

- calm down
  가라앉히다
- hidden favor
  숨겨진 호의
- soften
  누그러뜨리다
- end up with ~
  결국 ~가 되다
- pleasure
  쾌락
- pay the price
  대가를 치르다

NIrV 영어원문   ※ /는 낭독을 할 때 의미덩어리 끊어읽기를 하는 곳

14 A secret gift / calms anger down.
    A hidden favor / softens great anger.

15 When you do / what is fair, / you make godly people / glad.
    But you terrify / those who do what is evil.

16 A man / who leaves the path of understanding / ends up with / those who are dead.

17 Anyone who loves pleasure / will become poor.
    Anyone / who loves wine and olive oil / will never be rich.

18 Those who do what is evil / pay the price / for setting godly people / free.
    Those who aren't faithful / pay the price / for honest people.

NIrV 한글번역

¹⁴ 은밀한 선물은 화를 가라앉힌다. 숨겨진 호의는 커다란 분노를 누그러뜨리리라. ¹⁵ 공정한 일을 하면 경건한 사람들을 기쁘게 하는 것이다. 그러나 악을 행하는 자들을 두렵게 하리라. ¹⁶ 깨달음의 길을 떠난 사람은 결국 죽은 자가 되리라. ¹⁷ 쾌락을 사랑하는 자는 가난해질 것이다. 포도주와 올리브 기름을 사랑하는 자는 결코 부자가 되지 못하리라. ¹⁸ 악한 일을 행하는 자는 경건한 사람을 자유롭게 하기 위한 대가를 치른다. 신실하지 못한 자는 정직한 사람을 위해 대가를 치르리라.

개역개정판 성경

¹⁴ 은밀한 선물은 노를 쉬게 하고 품 안의 뇌물은 맹렬한 분을 그치게 하느니라 ¹⁵ 정의를 행하는 것이 의인에게는 즐거움이요 죄인에게는 패망이니라 ¹⁶ 명철의 길을 떠난 사람은 사망의 회중에 거하리라 ¹⁷ 연락을 좋아하는 자는 가난하게 되고 술과 기름을 좋아하는 자는 부하게 되지 못하느니라 ¹⁸ 악인은 의인의 속전이 되고 사악한 자는 정직한 자의 대신이 되느니라

■ 영어필사노트

■ 영어낭독실천

☑ 순서

낭독녹음 저장 → 카페 접속 → 녹음파일 업로드 → 응원댓글달기

▷ 낭독실천가이드

☑ Check-Up ☐ **녹음파일 업로드** ☐ **응원댓글달기**

A foolish man eats up everything he has

미련한 사람은 자기가 가진 것을 다 먹어치운다

▷ AI원어민 녹음파일

NIrV 영어원문

※ /는 낭독을 할 때 의미덩어리 끊어읽기를 하는 곳

19 It is better / to live in a desert / than to live with a nagging, / angry wife.

20 The best food and olive oil / are stored up / in the houses of wise people.
But a foolish man / eats up everything / he has.

21 Anyone who wants to be godly / and loving / finds life, / success / and honor.

22 Those who are wise / can attack a strong city.
They can pull down / the place of safety / its people trust in.

NIrV 한글번역

¹⁹ 잔소리하고 화내는 아내와 함께 사는 것보다 광야에서 사는 것이 나으리라. ²⁰ 가장 좋은 음식과 올리브 기름이 지혜로운 사람의 집에 쌓여 있다. 그러나 미련한 사람은 자기가 가진 것을 다 먹어치운다. ²¹ 경건하고 사랑하기를 원하는 사람은 생명과 성공과 영광을 얻으리라. ²² 지혜로운 사람들은 강한 성도 공격할 수 있다. 그곳에 사는 사람들이 믿는 안전한 장소를 무너뜨리리라.

개역개정판 성경

¹⁹ 다투며 성내는 여인과 함께 사는 것보다 광야에서 사는 것이 나으니라 ²⁰ 지혜 있는 자의 집에는 귀한 보배와 기름이 있으나 미련한 자는 이것을 다 삼켜 버리느니라 ²¹ 공의와 인자를 따라 구하는 자는 생명과 공의와 영광을 얻느니라 ²² 지혜로운 자는 용사의 성에 올라가서 그 성이 의지하는 방벽을 허느니라

VOCA CHECK

- **desert**
  사막, 광야
- **nagging**
  잔소리가 많은
- **store up**
  쌓아 놓다
- **eat up**
  다 먹어치우다
- **godly**
  경건한
- **attack**
  공격하다
- **pull down**
  무너뜨리다

■ 영어필사노트

■ 영어낭독실천

▷ 낭독실천가이드

☑ 순서

낭독녹음 저장 → 카페 접속 → 녹음파일 업로드 → 응원댓글달기

☑ Check-Up   ☐ 녹음파일 업로드   ☐ 응원댓글달기

Godly people give without holding back

경건한 사람들은 아낌없이 베푼다

▷ AI원어민 녹음파일

· keep oneself out of trouble
자신을 곤경에 빠뜨리지 않다

· mocker
조롱꾼

· think too highly of
대단하게 생각하다

· without holding back
아낌없이

NIrV 영어원문　　　　　　　　　　　　　　　　　　　※ /는 낭독을 할 때 의미덩어리 끊어읽기를 하는 곳

23　Anyone who is careful / about what he says / keeps himself / out of trouble.

24　A proud person / is called a "mocker".
He thinks much too highly / of himself.

25　Some people will die / while they are still hungry.
That's because / their hands refuse to work.

26　All day long / they hunger for more.
But godly people give / without holding back.

NIrV 한글번역

23 조심하며 말을 하는 사람은 자신을 곤경에 빠뜨리지 않으리라. 24 교만한 사람을 "조롱꾼"이라고 부른다. 그는 자기가 대단한 사람이라고 생각한다. 25 어떤 사람들은 여전히 굶주리면서 죽으리라. 그건 그들의 손이 일하기를 거부하기 때문이다. 26 하루 종일 그들은 더 많은 걸 가지려 한다. 그러나 경건한 사람들은 아낌없이 베푸리라.

개역개정판 성경

23 입과 혀를 지키는 자는 자기의 영혼을 환난에서 보전하느니라 24 무례하고 교만한 자를 이름하여 망령된 자라 하나니 이는 넘치는 교만으로 행함이니라 25 게으른 자의 욕망이 자기를 죽이나니 이는 자기의 손으로 일하기를 싫어함이니라 26 어떤 자는 종일토록 탐하기만 하나 의인은 아끼지 아니하고 베푸느니라

■ 영어필사노트

■ 영어낭독실천

☑ 순서

낭독녹음 저장 → 카페 접속 → 녹음파일 업로드 → 응원댓글달기

▷ 낭독실천가이드

☑ Check-Up   ☐ 녹음파일 업로드   ☐ 응원댓글달기

▷ AI원어민 녹음파일

- sacrifice
  희생, 제사
- witness
  증인
- bold
  담대한
- against the Lord
  주님과 맞서서
- prepare
  준비하다
- battle
  전투, 전쟁

NIrV 영어원문   ※ /는 낭독을 할 때 의미덩어리 끊어읽기를 하는 곳

27　God hates sacrifices / that are brought by evil people.
　　He hates it even more / when they bring them / for the wrong reason.

28　Witnesses who aren't honest / will die.
　　And anyone / who listens to them / will be destroyed / forever.

29　A sinful man / tries to look / as if he were bold.
　　But an honest person / thinks about / how he lives.

30　No wisdom, / wise saying or plan / can succeed / against the Lord.

31　You can prepare a horse / for the day of battle.
　　But the power to win / comes from the Lord.

NIrV 한글번역

27 하나님은 악한 사람들이 드리는 제사를 싫어하신다. 악한 이유로 가져오면 더 싫어하신다. 28 정직하지 않은 증인은 죽으리라. 그리고 그의 말을 듣는 자는 영원히 멸망하리라. 29 악인은 담대하게 보이려고 애쓴다. 그러나 정직한 사람은 어떻게 살지를 생각한다. 30 지혜와 지혜로운 말과 계획도 주님과 맞서서는 이루어질 수 없으리라. 31 전쟁의 날을 위해 말을 준비할 수 있다. 그러나 이기는 힘은 주님께로부터 온다.

개역개정판 성경

27 악인의 제물은 본래 가증하거든 하물며 악한 뜻으로 드리는 것이랴 28 거짓 증인은 패망하려니와 확실히 들은 사람의 말은 힘이 있느니라 29 악인은 자기의 얼굴을 굳게 하나 정직한 자는 자기의 행위를 삼가느니라 30 지혜로도 못하고, 명철로도 못하고 모략으로도 여호와를 당하지 못하느니라 31 싸울 날을 위하여 마병을 예비하거니와 이김은 여호와께 있느니라

■ 영어필사노트

■ 영어낭독실천

▷ 낭독실천가이드

☑ 순서

낭독녹음 저장 → 카페 접속 → 녹음파일 업로드 → 응원댓글달기

☑ Check-Up ☐ 녹음파일 업로드 ☐ 응원댓글달기

폰을 원어민으로 변신시켜
영어말하기미션 게임하는 법

준비물

핸드폰 + 영어미션표 + 타이머

게임방법

1. 핸드폰에서 **구글 어시스턴트 앱을 실행**하고,
   Flip a coin이라고 말해 플레이 순서를 결정한다.
   ※ 구글플레이/앱스토어에서 구글 어시스턴트 앱을 무료로 다운받을 수 있음.

▷ 게임 가이드

2. **타이머를 작동**시킨 후,
   첫 플레이어가 구글 어시스턴트에게 아래 중 하나를 말하고,
   AI원어민이 숫자를 말해주면,
   영어미션표의 숫자에 해당하는 낭독미션을 수행한다.
   - Roll a die 또는 Roll 2/3/4 dice
   - Random number X to Y(예: Random number 1 to 24)

3. **미션에 성공**한 경우, 영어미션표에 표시된 점수를 얻으며, 그 점수를 기록한다.
   실패한 경우엔, 다음 플레이어에게 기회가 넘어간다.

4. 이런 식으로 **플레이 순서에 따라 게임**을 계속한다.
   ※ 1라운드 게임시간: 5~10분

5. 게임 종료 후, **가장 많은 점수**를 얻은 플레이어가 Winner!

사용시 주의 사항

구글 어시스턴트에서는 꼭 4색 아이콘이 움직이는 것을 확인 후 말한다!

영어미션표

▷ PDF인쇄하기

DOUBLE	MINUS10	PASS	ENCORE
현재점수×2	10점 빼기	차례 넘기기	한번 더하기

📢 **Repeat after me**

다음의 3개 의미단위들을 조합해 문장으로 말하세요!

1. Please tell me about yourself. [2]
2. Repeat after me, "has the power + your tongue + of life and death" [3]
3. How do you say "McDonald's" in Japanese? [2]
4. **ENCORE**
5. Repeat after me, "who talk a lot + those + are likely to sin" [3]
6. What's your favorite school subject? [2]
7. (−) What is 32 minus 11? [2]
8. Repeat after me, "where your steps + will take you + the Lord decides"[4]
9. **DOUBLE**
10. Repeat after me, "when + shame follows + pride comes" [3]
11. Repeat after me, "but + get even richer + some give freely" [3]
12. What day is it today? [1]
13. Repeat after me, "who walks with wise people +anyone + grows wise" [4]
14. Cry like a baby [1]
15. Repeat after me, "a peaceful heart + to the body + gives life" [3]
16. **MINUS10**
17. Who is the president of America? [2]
18. (+) What is 23 plus 12? [2]
19. Repeat after me, "hard work + pays off + all" [3]
20. Repeat after me, "foolish and shameful+is+to answer before listening" [4]
21. What sound does a penguin make? [2]
22. **PASS**
23. Repeat after me, "without good advice + fail + plans" [3]
24. Take care. Have a nice day! [2]

암송하면 좋은
Repeat after me

문장 10
[Book 2]

1. Those who talk a lot are likely to sin. (10:19)

2. When pride comes, shame follows. (11:2)

3. Some give freely but get even richer. (11:24)

4. Anyone who walks with wise people grows wise. (13:20)

5. All hard work pays off. (14:23)

6. A peaceful heart gives life to the body. (14:30)

7. Plans fail without good advice. (15:22)

8. The Lord decides where your steps will take you. (16:9)

9. To answer before listening is foolish and shameful. (18:13)

10. Your tongue has the power of life and death. (18:21)

문장 30
[Book 1+2+3]

1. If you really want to gain knowledge, you must begin by having respect for the Lord. (1:7)
2. Wisdom will save you from the ways of evil men. (2:12)
3. Don't hold back good from those who are worthy of it. (3:27)
4. Value wisdom, and she will lift you up. (4:8)
5. Above everything else, guard your heart. (4:23)
6. The Lord watches a man's ways. (5:21)
7. Don't agree to pay up for someone else. (6:1)
8. Don't be trapped by what you have said. (6:2)
9. To have respect for the Lord is to hate evil. (8:13)
10. If you are wise, your wisdom will reward you. (9:12)

11. Those who talk a lot are likely to sin. (10:19)
12. When pride comes, shame follows. (11:2)
13. Some give freely but get even richer. (11:24)
14. Anyone who walks with wise people grows wise. (13:20)
15. All hard work pays off. (14:23)
16. A peaceful heart gives life to the body. (14:30)
17. Plans fail without good advice. (15:22)
18. The Lord decides where your steps will take you. (16:9)
19. To answer before listening is foolish and shameful. (18:13)
20. Your tongue has the power of life and death. (18:21)

21. Wise people see danger and go to a safe place. (22:3)
22. Don't go around with a person who gets angry easily. (22:24)
23. Don't wear yourself out to get rich. (23:4)
24. A man who argues stirs up fights. (26:21)
25. Don't brag about tomorrow. (27:1)
26. Being warned openly is better than being loved in secret. (27:5)
27. As iron sharpens iron, so one person sharpens another. (27:17)
28. A man is tested by the praise he receives. (27:21)
29. Anyone who chases dreams will be very poor. (28:19)
30. A wise person keeps himself under control. (29:11)

[교회 공지]
주일학교 프로그램이 궁금해요.

궁금증 1.

**주일학교에서도
이 책을
사용할 수 있나요?**

네. 가능합니다.
책의 기획 단계부터 주일학교 프로그램 운영을 염두에 두었습니다.
특히 이 책을 주일학교 교사들이 효과적으로 활용하면,
코로나 이후 교육 트렌드인 대면과 비대면을 혼합한 '블렌디드 러닝'을
실행할 수 있습니다.

궁금증 2.

**그럼 어떻게
시작하면 되나요?**

먼저 워크숍 형식의 설명회에 참석하세요.
그래서 자세한 내용을 들은 후 결정하면 됩니다.
또 실행 결정을 위한 멘토링 상담도 해드립니다.

궁금증 3.

**교사 교육과
커리큘럼도
제공되나요?**

네. 만약 실행을 결정하셨다면,
운영 및 커리큘럼 수립에 필요한 맞춤형 자문을 해드립니다.
또 신입 및 보수 교사 교육도 정기적으로 제공합니다.

궁금증 4.

5060 시니어
성도들도
참여가 가능한가요?

네. 저출산 고령화를 겪고 있는 서구와 일본의 요즘 화두는
'멀티-제너레이션' 즉 세대간 어울림입니다.
즉 시니어 세대가 어린이들과 소통하며 즐기는 놀이보육이 트렌드입니다.
이처럼 시니어 성도들이 티처가 아니라 멘토가 되어
어린이들과 교류하는 프로그램은 시대적 요청이기도 합니다.
그런데 이것이 가능하려면 체계적인 시스템과 교육 서포트가 필수인데
이를 적극 도와드립니다.

궁금증 5.

주일학교 활성화에
도움이 될까요?

네. 21세기의 교회 미션은
'지역 사회에 선한 영향력을 끼치는 것'이라고 믿습니다.
영어필사낭독과 삶의 지혜가 담긴 잠언을 결합한 특화된 영어 프로그램은
지역 내 비신자 부모들에게도 어필할 수 있는 좋은 전도 도구가 될 것입니다.

문의

워크숍 설명회 참석 문의는 ☎031)959-8833 으로 전화바랍니다.

유럽
Europe

아시아
Asia

아프리카
Africa

인도양
Indian
Ocean

오세아니아
Oceania

극해
Arctic
Ocean

북아메리카
**North
America**

대서양
**Atlantic
Ocean**

태평양
Pacific Ocean

남아메리카
**South
America**

남극해
**Southern
Ocean**